그래도 나는
사랑으로
살고 싶다

부 부 는 무 엇 으 로 사 는 가

그래도 나는
사랑으로
살고 싶다

강동우 · 백혜경 지음

레드박스

※ 일러두기
이 책에 등장하는 인물들의 이름은 모두 가명을 사용했습니다.

사랑해서 결혼한 건데,
지금 사랑하고 있나요?

"결혼은 사랑의 무덤이라더니 정말 맞는 말 같아요."

그렇게 사랑해서 결혼했는데, 연애 시절의 뜨겁고 애틋한 사랑은 이미 식어버린 지 오래라고 이야기한다.

신혼 초부터 몇 년째 귀가 닳도록 들어도 벗은 양말을 빨래 통에 넣는 일조차 제대로 못 하면서, 팬티 바람으로 소파에 널브러진 채 예능 프로그램을 보며 바보같이 웃고 있는 배 나온 남편. 늘어진 트레이닝 바지 차림으로 아이와 종일 씨름하느라 에너지를 다 소진하고 남은 건 짜증과 악밖에 없어 보이는 아내. 이런 게 진정 우리가 바라던 결혼 생활과 부부의 모습인 걸까.

부부에게 단둘이 함께하는 시간이 있느냐고 물어보면 회사 업무와 육아, 집안일까지 하루하루가 정신없이 바빠 죽겠는데 둘이서 분위기 잡을 수 있는 시간 같은 건 사치라는 볼멘소리가 돌아온다. 이렇게 부부끼리 함께하는 시간이 없다는 것은 깊은 대화를 나눌 시간도, 사랑할 시간도 없다는 의미다.

게다가 아이가 태어난 이후 밤중 수유 문제로 자연스레 시작된 각방 생활은 오히려 편리한 생활 습관처럼 자리 잡은 경우가 많다.

"각방 쓰는 게 뭐가 어때서요? 오히려 편하고 좋던데요."

하지만 몸이 멀어지면 마음도 멀어진다는 말도 있듯이, 각방을 쓰는 건 섹스리스sexless로 가는 지름길이다. 또한 섹스리스 부부가 각방을 쓰는 경우가 많다는 사실을 안다면 마음이 그리 편치만은 않을 것이다.

"가족하고는 그러는 거 아니라고 하잖아요. 다들 그렇게 산다는데요?"

결혼하고 애 낳으면 섹스리스는 당연한 게 아니냐는 반응이다. 주변 사람들에게 물어봐도 다 그러기 마련이라고 얘기한단다. 정말 다들 그렇게 살고 있고, 섹스리스 상태는 별문제가 되지 않는 걸까? 하지만 당신에게 다시 한 번 예전처럼 뜨거운 사랑을 하고 싶다는 바람이 있다면 부부간 섹스리스는 의미심장한 문제다.

'부부'는 지아비 부(夫)에 지어미 부(婦), 즉 남편과 아내를 뜻하며 영어로도 husband and wife라고 한다. 단어 그대로의 의미 말고도 부부라고 하면 당연히 '사회적으로나 법적으로 성관계가 승인된 남녀 관계'라는 의미를 내포한다.

사실 결혼이란 제도 자체가 혼자서는 자신의 유전자를 가진 후손을 출산하고 양육하기 어려운 인간이, 좀 더 효율적으로 2세를 낳아서 생존시키고 자신도 생존하기 위해 오랜 기간의 시행착오를 거쳐 만든 것이라고 할 수 있다. 그래서 부부 관계를 논할 때 성 문제를 빼고 언급하는 것은 가장 근원적인 핵심을 비껴가는 셈이다.

부부의 '성'은 인간관계에서 가장 강렬하면서도 기본적인 것이다. 우리 모두가 이 세상에 존재하게 된 근원에는 부부의 성이 있음을 부정할 사람은 없을 것이다. 그럼에도 불구하고 이런 사실을 없는 듯이 덮어두고 성에 대해 언급하는 일 자체를 품위가 떨어지고 천박한 것이라 치부하기 일쑤다. 우리나라는 일반적으로 성에 대해 매우 보수적이라고 인식하고 있지만, 한편에선 정반대로 원하기만 하면 언제든지 마음대로 섹스를 할 수 있는 '성의 천국'이라는 오명을 갖고 있기도 하다.

우리 사회의 성에 대한 이중성은 성에 대한 지나친 억제가 불러온 당연한 결과다. 지나친 억제는 삐뚤어지고 왜곡된 방식의 욕구 분출을 부른다. 성욕과 애정 욕구(사실 이 두 가지 욕구는 구분이 불분명하며 거의 같은 것이라고 봐도 무방하다)는 인간의 본능적인 욕구이고 이를 부부 관계 안에서 건강하게 해소하자는 것이 우리 부부가 지속적으로 강조하고 추구해온 방식이자 가치다.

부부 관계에 관한 안내서들은 많이 나와 있지만 성 문제는 아예 언급하지 않거나 피상적으로 다룰 뿐 이를 의학적인 관점에서 본격적으로 다룬 책은 드물다. 섹스리스를 포함한 성 문제는 부부 관계에서 핵심적인 부분이다. 성 문제 때문에 부부 갈등이 깊어지고, 반대로 부부 관계가 멀어지면 자연히 성 문제도 뒤따르는 악순환이 반복되기에 사실 부부 관계는 성 문제를 떼어놓고서는 얘기할 수 없다. 마음으로 하는 사랑과 몸으로 하는 사랑에 관한 문제 해결의 실마리를 찾는 사람들에게 이 책이 실질적인 도움이 되기를 바란다.

최근 이혼율 상승과 함께 사회적인 분위기가 미혼자들로 하여금 결혼을 막연히 두려워하고 회피하게 하거나, 결혼을 경쟁에서 우위를 점하는 하나의 수단으로 치부해 현실적인 조건만 따지며 지나치게 큰 기대를 하게 만드는 것 같다. 이런 미혼자들도 이 책을 통해 결혼의 실체를 이해하고, 바람직한 배우자 선택에 도움이 되는 정보를 얻고, 자기 자신이 배우자감으로서 내면과 인간관계가 어떠한지를 들여다볼 수 있으면 좋겠다.

우리 부부가 부부 문제와 성에 관한 전문가이다 보니 우리 부부는 그런 면에서 완벽할 것이라 생각하는 분들이 있다. 하지만 우리도 여느 부부와 같다. 다만 문제가 생겼을 때 어떻게 해결하면 되는지에 대한 노하우가 좀 더 있을 뿐이다. 예전엔 우리도 심각한 갈등을 겪고 위기에 처한 적이 있었다. 사실 그때의 경험이 이 분야를 공부하게 된 하나의 계기가 되기도 했다.

하지만 많은 시행착오와 산전수전을 겪고 난 이후 지금 우리 부부는 잘 싸우지 않게 되었다. 부부 문제에 관한 공부를 한 데다 진료를 통해 워낙 간접 경험을 많이 하다 보니 이제는 갈등이 생겨도 비교적 쉽게 극복하는 편이다.

과거 우리 부부가 그랬던 것처럼 현재 갈등과 불행을 겪고 있는 부부에게도 분명히 해결의 길은 있다. 그리고 회복할 수 있는 요령과 방법이 있기에 다시 행복해질 수 있다는 메시지를 전하고 싶다. '끝날 때까지는 끝난 게 아니다'라는 말은 부부 관계에 딱 들어맞는 말이다.

CONTENTS

강동우 부부 관계에서 가장 중요한 건 바로 '친밀감'입니다. 두 사람 사이에 교감이 없으면 부부 갈등이나 성적인 문제가 언젠가는 불거져 터질 수밖에 없거든요.

백혜경 섹스리스나 부부 갈등으로 병원을 찾아오는 분들은 부부 중 어느 한쪽 또는 양쪽 모두 "우린 아무 문제없다"라고 자신 있게 말하는 경우가 비일비재해요. 하지만 자세히 들여다보면 100퍼센트 문제가 있습니다. 문제를 문제라고 인식하지 못하는 것일 뿐이죠.

강동우 배우자에게 굳이 털어놓고 싶지 않은 개인적인 사정이 있을 수는 있겠지만 부부가 심리적으로 가까워야만 행복한 결혼 생활이 가능합니다. 불꽃이 팍팍 튀는 스파크 같은 것만 사랑이라고 생각한다면 그건 엄청난 착각이에요. 어떻게 그런 것만 사랑일 수 있나요.

백혜경 남편을 돌아오게 한다는 이상한 시술에 관심을 갖고 엉뚱한 데서 해결책을 찾는 사람들이 정말 많은데요, 친밀한 정서적 교감이 가장 중요한 바탕이고 거기에 적당한 긴장감을 유지하기 위해 노력하는 게 좋습니다.

Part 1

기대가

너무

컸던 것일까

인생 최고의 선택인가,
최악의 실수인가

서양에서 자신의 배우자를 지칭하는 말로 'my better half'라는 표현이 있다. 왠지 조금 약은 의도가 있는 사탕발림 같은 말인 듯하지만 '나의 더 나은 반쪽'이라니, 배우자가 나를 이렇게 칭할 때 나긋나긋하고 다정해지지 않을 사람은 없을 것 같다. 그런데 현실의 내 배우자는 나의 더 나은 반쪽이 맞을까? 무엇을 기준으로 나와 그 사람을 비교할 수 있을까? 학벌? 경제력? 성격? 외모? 참으로 어려운 일이다.

진료실을 처음으로 방문하는 부부들에게 늘 똑같이 던지는 질문이 있다.

"그런데 두 분은 어떻게 결혼하게 되셨나요?"

자리에 앉자마자 배우자가 자신에게 얼마나 상처를 줬는지, 그간 자신이 얼마만큼 힘들었는지 터진 봇물처럼 이야기를 쏟아내던 이들은 생뚱맞은 질문이라는 표정을 짓는다. 부부들 대부분은 그게 지금의 문제와 무슨 상관이냐는 식으로 의아해한다. 하지만 어떻게 서로 만나게 되었는지, 교제 기간 동안 상대방에 대한 감정은 어땠는지, 둘이서 자주 다퉜는지, 교제나 결혼 과정에서 장애물은 없었는지 등 계속되는 질문 공세를 받다 보면 슬슬 진지한 표정으로 과거를 회상하며 열심히 답하기 시작한다.

10여 년 전, 우리 부부도 똑같은 질문을 각자 스스로에게 던지며 심각하게 고민하던 시절이 있었다. 2003년 미국 킨제이연구소 Kinsey Institute 연수 시절 우리는 독립된 연구실 하나를 배정받았다. 성 심리학자 존 머니 박사의 업적을 기리는 의미에서 '존 머니 연구실'이라 명명된 작은 방에는 책이 가득 꽂혀 있는 책장과 함께 책상 하나에 컴퓨터 하나, 의자 두 개, 작은 창 하나가 있었다. 우리는 작은 연구실에서 거의 온종일 시간을 함께 보냈다. 연구 미팅을 할 때도, 점심을 먹으러 갈 때도, 강의를 들으러 갈 때도 동갑내기 과커플처럼 붙어 다녔다. 물론 대학생으로 다시 돌아가 캠퍼스 연애를 하는 것 같은 즐거움도 있었지만, 잠자고 화장실 가는 시간 말고는 늘 붙어 있다시피 함께하는 시간이 길어지면서 다툴 일도 많아졌다. 특히 단둘이 존 머니 방에 있을 때 설전이 벌어지는 경우가 잦았다.

원래 유학이나 이민을 오면 누구나 낯선 곳, 낯선 언어, 낯선 사람들, 낯선 문화 등의 환경으로 인해 스트레스를 받기 마련이다. 그러다 보니 가장 가깝고 서로 의존하는 부부나 가족 간에도 갈등이 생기기 쉽다. 전화를 개통하는 데 며칠이나 걸리고, 환자를 대할 때나 회의에서 하고 싶은 말을 영어로 제대로 표현하지 못해 답답함이 쌓이다 보면 괜히 옆에 있는 사람에게 시비를 걸게 되는 것이다.

존 머니 방에서 책상 하나를 사이에 두고 마주 앉은 우리 부부는 서로 눈도 마주치지 않은 채 한 명은 컴퓨터 화면을, 다른 한 명은 논문을 들여다보면서 '내가 어쩌다 저 인간이랑 엮여서 이 고생일까?' 하는 생각을 참 많이 했던 것 같다. 아이러니컬한 사실은, 존 머니가 그의 이름이 명명된 바로 그 방 안에서 우리 부부가 하던 고민에 대한 해답을 준 사람이라는 점이다.

다양한 성 심리 연구에 기여한 존 머니는 사람마다 서로 다른 다양한 사랑의 지도를 가지고 있고 그로 인해 특정 대상에게 끌리고 사랑에 빠지게 된다는 '러브맵lovemap' 이론을 제기해 많은 관심을 불러일으켰다. 존 머니에 의하면 인간은 만 5세에서 8세 전후로 가족, 친구 등 사람들과의 관계나 교제를 경험하면서 무의식적인 사랑의 지도를 그리기 시작한다. 그리고 나이가 들면서 다양한 경험을 통해 이 지도는 점점 더 구체화되어 선호하는 이상적인 연인의 성격이나 태도, 외모에 관한 조건들을 갖추며 완성된다. 즉 우리가 누군가를 만나기 전부터 이미 사랑에 빠지는 대상의 틀이 갖춰져 있어서 그 틀에 맞는 사람과 매칭이 되면 사랑에 빠지게 된다는 것이다. 아마 우리 부부도 각자의 러브맵에 서로 들어맞아 사랑에 빠지고 결혼에 이르게 된 것이리라.

사람이 변한 걸까, 사랑이 변한 걸까

"그때는 그 사람이 제 의견을 잘 들어주는 이해심 많은 남편감이라고 생각했어요."

연애 시절 무엇이든 원하는 대로 따라줄 것 같은 배려심 있는 남자는 결혼 이후 모든 의사결정을 아내에게 떠맡기는 수동적이고 무기력한 남편이 되었다. 그는 부부의 성생활에서도 적극적으로 먼저 다가온 적은 손에 꼽을 정도였고 회사 일로 피곤하다면서 성관계를 회피하기 일쑤였다.

아내가 결혼 전에 느꼈던 사려 깊고 이해심 많은 남편이 결혼 후 갑자기 수동적이고 무기력하게 바뀐 것일까? 사실 이 남편의 성격적 특성은 긍정적으로 표현하느냐 부정적으로 표현하느냐에 따라 '다른 사람을 배려하고 의견을 잘 들어주는 태도'로 평가될 수도 있고 '수동적인 태도'로 비칠 수도 있다.

이처럼 성적인 트러블이나 부부 갈등으로 고민하는 수많은 커플을 만나보면 교제나 결혼 생활 초반에는 장점으로 여기고 매력을 느꼈던 상대방의 특성이 시간이 지나면서 받아들이기 힘들거나 이해 불가의 단점이라고 호소하는 경우를 자주 본다.

배우자의 장점이 단점이 되고 나의 러브맵에 잘 맞던 배우자가 철천지원수가 되는 데는 다양한 원인이 있다. 첫째로 무엇보다 러브맵 자체가 막연한 이미지에 기반을 둔 이상적인 틀이므로 현실에 존재하는 사람이 거기에 100퍼센트 들어맞기는 힘들다. 기대가 크면 실망도 큰 법이니 이상적인 배우자에 대한 기대는 어쩔 수 없이 실망과 좌절을 불러온다.

다음으로는 결혼 생활 내내 산재해 있는 현실의 난관들을 꼽을 수 있다. 부부가 함께 극복해야 할 재정적 어려움, 자녀 양육, 가족 갈등 같은 과제들로 인한 부부간 위기 상황은 상대방에 대한 부정적 평가를 유발할 수 있다.

또 빼놓을 수 없는 주요 원인은 연애나 신혼 초기에 가졌던 열정이 식는다는 데 있다. 다시 말해 사랑의 콩깍지가 벗겨지게 되면 상대방을 객관적으로 바라보게 되고 현실의 여러 가지 상황을 맞닥뜨리면서 더욱 냉정하고 비판적인 시각을 갖게 되는 것이다. 열정적인 사랑에는 성욕과 성적인 만족감이 필수적이다. 그래서 부부가 성적으로 트러블이 생기는 경우 상대방에 대한 부정적인 평가는 높아질 수밖에 없고 반대로 상대방에 대한 부정적인 인식은 성욕이나 성적인 만족감을 떨어뜨릴 수 있다. 이 둘은 서로 물고 물리는 관계기 때문에 어느 순간 악순환이 시작되면 걷잡을 수 없게 된다.

시들해진 성생활과 식어버린 열정이, 힘든 현실이, 나의 달라진 시각이 내가 배우자를 선택하게 했던 바로 그 장점을 단점으로 바꿔놓고 사랑스러운 연인을 전생의 원수로 바꿔놓는다. 사실 그 사람은 예전이나 지금이나 변한 게 없는데도 내가 상대방을 바라보는 시각이 변하고 서로 관계를 맺는 방식이 변하면서 그에게서 끌어내는 모습이 달라진 것이다. 그렇다면 반대로 내가 상대방을 바라보는 시각이 바뀌고 관계를 맺는 방식이 바뀐다면, 그에게서 끌어내는 모습도 다시 달라질 수 있다.

우리 모두는 완전하지 않은 존재들이다. '사람 인(人)'이라는 글자가 두 사람이 서로에게 기대고 있는 모습을 나타내는 것이듯, 인간은 원래 배우자나 가족과 함께 어울리고 힘을 합쳐 집단생활을 하며 살아가는 종족이다. 불완전한 두 사람이 만나 서로를 더 성장시키는 부부야말로, 세월이 흘러 많은 것들이 변해가도 여전히 우리에게 가장 이상적인 생존 방식이지 않을까?

그러니 '어쩌다 이 사람과 인연을 맺었을까?' 하며 한탄하지 말라. 이 모든 것은 나의 선택이며 가장 견디기 힘든 그 사람의 단점이 사실은 오래전 가장 매력을 느꼈던 장점이었을지 모른다. 결혼이 최고의 선택이 될지 최악의 실수가 될지는, 부부가 살면서 서로를 어떻게 대하고 갈등을 어떻게 풀어내느냐에 달려 있다.

부부는 이심이체다

"부부는 일심동체라는데 저 사람은 왜 이렇게 내 마음을 모르지? 20년이나 같이 살았는데……."

'부부는 일심동체'라는 말은 그만큼 부부가 서로 잘 결합되고 합의가 잘되는 것을 의미한다. 그러나 이런 믿음으로 인해 배우자에게 실망하거나 갈등이 더 깊어지는 경우도 있다. 기대가 큰 만큼 실망도 크기 때문이다. 그런 의미에서 부부라면 당연히 일심동체여야 한다는 생각은 서로에게 실망감을 안기는 환상일 뿐이다.

아무리 오랫동안 함께 산 부부라 해도 몸과 마음은 엄연히 각자의 것이다. 사실 내 마음도 늘 한결같지는 않고 나도 내 마음을 잘 모를 때가 있지 않은가. 그러니 때로는 나도 잘 모르는 내 마음을 배우자가 헤아리고 알아줄 것이라는 기대는 하지 않는 것이 좋다. 서로 다른 사람인 이상 당연히 의견이나 입장이 다를 수 있으므로 나와 배우자의 '다름'을 인정하기 위해 노력할 필요가 있다.

이는 부부의 성생활에서도 마찬가지다. 남성과 여성은 성 반응의 차이가 있기에 부부의 성생활에서 자극에 대한 반응 속도가 다를 수밖에 없다. 뿐만 아니라 이전의 경험이나 성에 대한 지식, 선입견 등으로 인해 성적인 취향이 다를 수 있다.

'나는 이게 좋은데 저 사람은 왜 저럴까?'

'난 이런 요구는 도저히 못 들어주겠어.'

이렇게 되면 사람들은 '우리 부부는 속궁합이 안 맞는다'라고 쉽게 결론을 내린다. 그런데 배우자와 속궁합이 맞지 않는다고 주장하는 당사자에게 물어보면 정작 두 사람 사이에서 정확히 무엇이 문제인지 잘 모르고 있을 때가 많다. 심지어 자신의 성기능 문제를 배우자의 탓으로 뒤집어씌우는 경우도 종종 있다. (10년을 넘게 산 부부가 진료실에 앉아 대화하면서 상대방이 지금껏 오르가슴을 느끼지 못했다든가 항상 전희가 부족해서 불만이었다는 얘기를 처음으로 듣게 되기도 하고, 자기 자신에게 성기능장애가 있다는 사실을 알게 되기도 한다.)

부부의 의사결정이건 성생활의 문제이건 간에 '저 사람과 나는 정말 다르구나'라고 받아들이고서 소통하고 맞춰가는 것이 결혼 생활을 잘 해나가는 첫 번째 비결이다.

부부는 절대로 일심동체가 아니다. 정확히 말하면 부부는 일심동체이길 지향하는 이심이체일 뿐이다. 부부 사이엔 말하지 않아도 통한다는 얘기 또한 판타지에 가까운 소리다. 굳이 말하지 않아도 대충 짐작할 정도의 이심전심 관계(이것도 늘 정확한 것은 아니지만)가 가능하려면, 두 사람이 이전에 상당한 시간을 함께하면서 서로 수많은 언어와 감정을 주고받았어야만 한다.

부 부 간 에 도
힘의 균형이 필요하다

"지독한 구두쇠에 고집불통 독불장군. 이게 남편에게 딱 맞는 표현이에요."

남편 앞에선 도통 자신의 의견을 말하지 않던 지은 씨는 단독 면담으로 들어가자 속내를 털어놨다. 그녀의 남편은 잠자리를 거부하는 아내의 문제를 고쳐달라며 진료실을 찾은 터였다.

결혼 초부터 주도권을 잡고 모든 일을 자신의 뜻대로 결정해온 남편 민수 씨. 연애 시절 매사에 주도적인 남편의 모습에 남자다움을 느껴 결혼까지 하게 된 지은 씨는 막상 결혼 이후 늘 자기 뜻대로만 하려는 남편에게 점점 지쳐갔다. 특히 남편은 돈 문제에 집착해 통장을 주지도 않았고, 수입과 지출 내역을 꼼꼼히 체크하며 잔소리를 했다.

"남편은 아이의 학원비, 아파트 관리비는 기본이고 마트에서 콩나물 한 봉지 사는 것까지 다 관여해요. 너무 답답해서 제가 돈 벌러 직장에 나가겠다고 하니까 그건 또 안 된대요. 결혼 생활 내내 숨이 막혀 죽을 지경이었어요."

경제권을 틀어쥔 남편은 돈을 줄 때마다 생색을 내고 하나하나 참견하며 아내를 힘들게 했다. 매번 남편에게 돈을 구걸하다시피 타 써야 하는 자신의 서글픈 모습에 지은 씨의 자존감은 바닥으로 떨어졌다. 남편의 또 다른 특이 습관은 아내에게 심한 잔소리를 한 다음에 꼭 잠자리를 요구하는 것이었다. 성 흥분에 필요한 애정 표현과 스킨십 대신, 아내는 늘 비난과 잔소리를 떠안은 채 억지로 남편의 요구에 응해야 했다. 그러한 패턴의 성관계는 점점 싫어질 수밖에 없었다. 급기야 지은 씨는 남편의 일방적인 성관계 요구를 거부하기 시작해 섹스리스 상태에 이르렀다.

지은 씨처럼 섹스리스의 원인이 신체적인 문제가 아니라 부부 간 갈등에 있는 경우가 꽤 있다. 고부 갈등, 남편의 외도, 경제적 문제 등 부부 갈등의 내용은 다양하지만 이와 같이 남편에게 일방적으로 쏠린 의사 결정권이나 경제권 등 부부간의 힘의 불균형이 갈등을 일으키는 근본 원인이 되기도 한다.

부부 관계에서 왜 '힘의 균형'을 이야기하나 싶을 수도 있겠지만, 가족 및 부부 치료 이론에서는 부부 사이에도 일종의 권력 다툼, 즉 힘겨루기가 있다고 본다. 외식 메뉴 선정이나 TV 채널 선택권 같은 비교적 사소한 문제부터 자녀의 결혼이나 진로 문제와 같은 심각한 사안까지 부부는 의사결정을 같이 하게 되는데, 이러한 과정에서 주도권을 더 가지거나 자신이 원하는 쪽으로 결정을 이끄는 쪽이 결국 힘겨루기의 승자가 되는 셈이다.

그런데 어느 한쪽이 계속 승자가 되는 상황이 반복되다 보면 동등해야 할 부부 관계에서 힘의 균형이 깨지게 된다. 이기는 쪽이야 좋겠지만 늘 지는 쪽은 불만이 커질 수밖에 없다. 특히 남성 중심의 가부장적 사회에서 여성의 지위가 점차 향상되어 남녀평등의 사회로 가고 있는 우리나라에서는 부부간 권력 불평등 문제가 심각한 갈등으로 이어지는 일이 늘고 있는 것 같다.

의사 결정권과 더불어 부부간 권력 다툼에서 핵심적인 부분이 바로 경제권이다. (여성의 권리가 과거에 비해 향상된 주된 원인으로 여성의 참정권 인정과 같은 사회제도의 개선과 더불어 여성의 경제력 향상을 꼽는 것도 비슷한 맥락이다.) 경제권은 '누가 돈을 더 벌어 오느냐'라는 경제력 자체도 중요하고, '누가 돈 관리를 하느냐'도 중요한 문제다. 당연히 돈을 더 많이 벌어 오거나 돈을 관리하는 쪽이 경제권을 가진 쪽이며 힘이 더 세다고 볼 수 있다.

마지막으로 부부간 권력 다툼에서 빼놓을 수 없는 것이 성 결정권이다. 여기서 성 결정권이란 부부간 성관계에서 관계를 할지 말지 여부를 결정하는 권리다. 이 성 결정권은 성관계를 적극적으로 요구하는 쪽에도 있지만 반대로 성관계를 거부하는 쪽에도 있을 수 있다. 가부장적인 가정에서 흔히 보이는, 남편의 요구에 아내가 응하는 상황에서 성 결정권은 남편에게 있다. 그러나 아내가 성관계를 거부하는 경우 성 결정권은 거부권을 행사하는 아내에게 있다고 할 수 있다.

수직 관계의 부작용

민수 씨와 지은 씨처럼 남편의 일방적인 의사결정과 과도한 경제권 행사가 반복되는 불평등한 관계는 장기적으로 힘의 불균형을 초래하게 된다. 아내 지은 씨는 성관계에 대한 거부권을 행사함으로써 일종의 부부간 힘의 균형을 맞춘 셈이다. 그러므로 이 부부의 성 문제를 풀기 위해서는 불평등한 권력 관계를 균형감 있게 다시 맞춰주는 것이 근본 해결책이 될 수밖에 없다. 남편에게 치우쳐 있는 의사 결정권과 경제권을 아내에게도 공평하게 나눠 줘야만 성 결정권도 균형을 찾아 아내의 거부권 행사가 줄어들게 된다.

민수 씨와 지은 씨 부부는 두 사람 모두 치료가 필요했다. 남편 민수 씨의 지나친 통제와 권력 남용은 자신의 어머니에 대한 강한 분노 감정이 아내에게 전이된 것으로 해석됐다. 또한 아내가 자신을 떠날지도 모른다는 내적 불안과 열등감이 아내의 일거수일투족을 감시하고 돈으로 꼼짝 못 하게 만드는 식으로 나타나고 있었다. 민수 씨의 내면도 치료가 필요한 상황이었다.

강압적으로 성관계를 요구하거나 고집불통으로 자신의 뜻만 관철하려는 남편들의 공통점은 나르시시즘(자기애)이 강하다는 것이다. 겉으로 보기엔 자기주장과 자존감이 강한 것 같지만, 내면을 들여다보면 정반대로 자존감이 그리 높지 않다. 진정한 자존감이 있다면 상대로부터 이해를 구하고, 자발적인 동참을 유도하는게 바람직하다. 밑바닥에 있는 자존감이 허약하면 상대방에게 대접받고자 하는 욕구, 상대를 한없이 굴복시키려는 관계에 집착하게 된다. 인간관계에서 가장 근원적인 감정인 성(性) 문제를 수직적 관계로 끌고 가다 보면 결국 부부 사이에 부작용과 갈등이 생긴다.

수직 관계에선 상처받는 자가 생길 수밖에 없다. 불만을 가진 쪽에서 언젠가는 불만을 터뜨리고 관계가 파탄에 이르게 되므로 불평등한 관계는 일방적으로 권력을 가진 자에게도 손해다.

그 대표적인 예가 급속도로 증가하고 있는 황혼이혼이다. 황혼이혼은 중년 이후 아내의 영향력이 커지고 남편이 퇴직으로 경제권이 약화된 상황에서 과거에 권력을 휘두르던 남편에게 눌려 살

왔던 아내의 반란이나 복수극으로 이뤄지는 경우가 많다. 황혼이혼에서 이혼을 요구하는 쪽은 대부분 과거에 힘이 약해 일방적으로 당하던 피해자다. 자기 맘대로 결정권을 행사하던 힘센 권력자는 배우자의 갑작스러운 이혼 요구에 영문을 모른 채 황당해한다.

당하기만 했던 약자의 복수극이 한편으로는 통쾌할 것 같지만 그간의 불행했던 결혼 생활이나 결론적으로 실패한 관계에서 오는 상처를 생각한다면 결국은 아내와 남편 모두가 패배하는 승부일 뿐이다. 황혼이혼 내지는 불평등한 부부 권력 관계로 인한 파탄을 막는 방법은 의사 결정권, 경제권, 성 결정권을 포함한 부부 관계의 권력을 적절하고 공평하게 분배하는 것이다. 평등한 부부가 행복하고 만족감이 높으며 결혼 생활이 더 오래가는 것은 당연한 이치다.

· · · · · · · · · 더 사랑하고 싶은 당신에게 · · · · · · · · ·

부부 관계 이상 징후

① 섹스리스다

섹스리스라고 무조건 빨간불이 들어온 위기 상황인 것은 아니다. 그러나 주의해야 할 경고 사인인 것만은 분명하다. 섹스리스는 부부 갈등이나 권태기가 원인일 수도 있고, 부부 중 어느 한 사람 또는 두 사람 모두가 육아나 회사 업무 등 해야 할 일이 너무 많은 스트레스 상황에 처해 있거나 우울증이나 불안 등의 심리적 어려움, 피로, 질병, 갱년기 등의 신체적 문제가 있어도 생길 수 있다. 이런 상황은 그 자체로 당사자나 부부 관계에 위험 요인이 되므로 주의해야 한다.

② 각방을 쓴다

방송 프로그램에서 자신들은 편하게 각방을 쓴다고 밝히는 연예인 커플이 적지 않다. 각방이 아니라 아예 딴 집에서 산다고, 그래야 부부 사이가 더 각별해진다고 공공연히 말하는 유명한 연예인 부부도 있다. 하지만 우리는 그 부부가 수많은 위기와 갈등을 겪으며 전쟁 같은 결혼 생활을 해왔음을 익히 들어 알고 있다.

각방이든 딴집살이든 그건 개인의 선택이다. 그런데 부부가 안방, 건넌방으로 각방을 쓰던 조선시대 양반문화에서 지독한 처첩제도가 있었다는 사실은 좀 생각해봤으면 좋겠다.

③ 소통이 단절돼 있다

부부 관계가 끝나는 마지막 단계의 신호가 바로 단절이다. '벽

쌓기'라고 불리기도 하는 단절 단계에선 대화도 없고 공유도 없고 소통도 없다. 경제적인 지원 내지는 사회적인 필요에 의해 결혼 생활이 껍데기만 유지되고 있을 뿐이다. 그런 현실적인 필요성이 없어지면 관계도 자연스레 끝이 난다. 흔히 싸우기 싫어서 아예 말을 안 하는 것이라고 하는데, 부부가 소통과 타협을 그만두면 갈등의 골은 사라지는 게 아니라 오히려 더 깊어진다. 단절된 커플보다 그나마 싸우는 커플에게 더 희망이 있다고 볼 수 있다.

④ 자녀 또는 부모 중심이다

자녀를 위해 희생하는 부모가 많다. 물론 자녀는 소중한 존재이며 자녀를 위한 희생과 사랑도 가치가 있다. 하지만 결혼 생활이 지나치게 자녀 중심으로 흘러가면 부부 관계는 뒷전으로 밀려 부부 사이가 멀어지거나 갈등을 빚게 된다.

시부모를 모시거나 절대적으로 따르며 사는 전통적인 가부장적 문화에서 찾아볼 수 있는 부모 위주의 결혼 생활에서도 부부 관계가 위태로워질 수 있다. 최근 들어 문제가 많이 불거지고 있는 사위와 장인·장모 사이의 갈등도 비슷한 맥락으로 이해된다. 부부 관계가 좋으려면 결혼 생활의 중심에 부부가 있어야 한다.

⑤ 일방적인 관계다

어느 한쪽이 군림하는 부부 관계는 결과적으로 끝이 좋지 못하다. 잉꼬부부의 대명사로 불리던 연예인 커플이 배우자 폭행과 이혼소송으로 세간의 화제가 된 적이 있었다. 그들의 관계에는 무조건적인 일방성이 존재했다. 어쩔 수 없이 독재자인 상대방에게 맞춰주며 희생한다고 한들 그 배우자가 나중에 고마워한다거나 자신의 잘못을 깨닫는 것도 아니다. 결국엔 어떤 식으로든 파국에 이르게 된다.

⑥ 가족보다 다른 일을 우선시한다

가족보다 운동, 가족보다 술, 가족보다 친구 등등 다른 일에 더 몰두하는 사람은 기본적으로 결혼 생활을 할 준비가 되어 있지 않은 것이다. 결혼은 자신의 우선순위를 둘이 함께하는 부부의 행복에 두겠다는 계약과 같다. 따라서 이런 기본적인 원칙을 벗어나는 경우엔 결혼이 순탄하게 흘러갈 리 없다.

⑦ 함께하는 시간이 없다

부부가 각자의 삶을 살며 같은 집에 거주하는 룸메이트처럼 지낸다면 사이가 멀어질 가능성이 높다. 특히 맞벌이 부부나 자녀 양육에 한창 바쁜 젊은 부부들이 배우자와 함께하는 시간이 부족한 경우, 이를 당연시하다 보면 나중에 돌이킬 수 없게 될 수도 있다.

서로를 필요로 하는 상호의존성은 결혼 생활을 하는 이유이자 목적이다. 부부가 따로 지내면서 홀로 생존하는 법을 터득하게 되면 결혼을 유지할 이유가 없어진다. 가랑비에 옷 젖듯이 함께하는 소소한 시간들이 모이고 모여서 결혼 생활을 만들어가는 것이라는 점을 기억하자.

사실은 우리 부부 애기도
책 한 권 짜 리[*]

    우리 부부가 부부 문제와 성의학에 대해 관심을 갖게 된 이유를 궁금해하는 사람들이 많은 것 같다. 신문이나 TV 프로그램에서 인터뷰를 할 때면 왜 이런 특이하고 난감한 분야를 부부가 함께 공부했느냐고 꼭 물어보니 말이다. 우리 부부가 부부와 성에 관한 분야를 파고들게 된 이유는 지극히 단순하다. 우리가 실제로 그 문제를 겪었기 때문이다.

    결혼 생활에서 가장 힘들었던 시기를 꼽아보면 첫 1년이다. 신혼 생활 6개월까지는 거의 악몽 같았다. 우리는 사사건건 부딪쳤다. 도대체 저 사람이 내가 연애 시절에 알던 그 사람이 맞나 싶었

[*] 이 글은 백혜경 저자의 시점으로 쓰였다. – 편집자 주

다. 남편의 장점이라 여겼던 넘치는 열정과 에너지는 결혼해서 보니 지나치게 감정적이고 급하고 충동적인 성격으로 느껴져 단점으로 다가왔다. 그리고 나의 신중함과 논리성이 남편에게는 융통성 없고 차가운 아내의 모습으로만 비쳤다.

나는 그때부터 부부 치료에 관심을 갖게 된 것 같다. 일단 책을 구해서 읽어보기 시작했는데 감정적으로는 이해하기 어려웠지만 적어도 논리적으로는 상대방을 객관적으로 파악할 수 있었다. 특히 나 자신을 분석하고 남편의 입장과 역지사지해보는 데 도움이 되었다. 내가 힘든 만큼 남편도 힘들 수 있겠다는 생각을 하면서, 이 분야를 혼자 공부해서라도 부부 갈등을 잘 극복해보겠다고 마음먹게 되었다.

때마침 좋은 기회가 생겼다. 남편은 이전부터 성의학에 대한 공부를 하고 싶어 했다. 예전에 심인성 발기부전의 문제를 겪었을 때 도움을 받고 싶어도 마땅히 갈 곳이 없다는 게 답답하기도 했고, 이 분야의 선구자가 될 수 있는 좋은 기회라는 생각이 들었다고 한다. 내친김에 가장 좋은 곳에서 배워보자고 욕심을 부려서 성의학의 메카인 미국 킨제이연구소를 목표로 삼았고 각고의 노력 끝에 기회를 얻을 수 있었다.

원래는 남편만 킨제이연구소 연구원으로 공부할 기회를 가졌지만, 당시 킨제이연구소장이었던 존 밴크로프트 박사는 "당신 아내도 같은 정신과 의사인데 미국까지 와서 집에만 있는 것은 너무 아깝지 않은가? 같이 공부하러 나오라"며 엄청난 기회를 주었다. 알고 보니 그의 아내도 같은 연구소에서 일하는 성 심리학자로 그들 부부는 인생의 동반자일 뿐 아니라 종종 공동 연구를 진행하는 학문적 동반자 관계였다.

부부 치료를 공부하며 배운 것들

돌이켜보면 그때 우리는 혼자가 아닌 둘이었기에 서로 의지하고 도움을 받은 부분이 많았다. 외국에서는 일단 언어장벽으로 인한 의사소통 문제가 힘든데 둘이서 함께였으니 훨씬 덜 힘들었다. 우리는 킨제이연구소가 있는 인디애나대학교 교정을 누비며 각종 연구 모임과 치료자 모임에 참석하고 환자 진료를 참관하고 관련 강의를 청강하고 도서관에서 자료를 읽고 수집하는 등 서로에게 의지하며 열심히 공부했다. 그런데 잠자는 시간과 화장실 가는 시간 말고는 늘 같이 붙어 있다 보니 답답한 면이 있고 싸울 일도 많았다. 다시 갈등이 불거지면서 신혼 초와 같은 다툼이 잦아졌다.

게다가 아이 양육 문제로 부딪치는 일도 많았다. 미국 유치원에 다니는 아이가 말도 잘 통하지 않는 낯선 환경에서 받는 스트레스가 상당했다. 아이가 불안정한 모습을 보이면 부모도 덩달아 불안해진다. 남편과 나는 아이를 양육하는 방식에 차이가 있었는데 나는 상대적으로 원리원칙주의였고 남편은 과보호란 생각이 들 정도로 아이를 감싸고도는 경우가 많았다. 나는 원칙 없이 자기 기분 따라 아이를 대한다고 남편을 비난했고, 남편은 나를 융통성 없는 차가운 엄마라고 비난했다.

아이는 중간에서 우리의 눈치를 보며 힘들어했지만 우리는 서로를 탓하기 바빴다. 당시 우리 부부의 대화를 돌이켜보면 바람직하지 못한 대화법들로만 이루어져 있었다. 상호 비난, 방어하며 역공하기, 비아냥거리기, 상대방을 피하고 무시하며 담 쌓기 등등 부부 치료에서 하면 안 된다고 하는 것만 골라서 했던 것 같다.

한동안 부부 사이가 더 나빠지는 악순환이 반복되면서 부부 치료를 제대로 배워야겠다는 의지가 더 강해졌다. 킨제이연구소에서 성에 대한 공부를 하고 환자 사례를 접하면서, 특히 여성의 경우엔 부부 관계의 갈등이 성 문제에 미치는 영향이 너무나 크다는 것을 깨달았기 때문이다. 성의학을 좀 더 의학적으로 공부하고 싶어 하던 남편은 보스턴 의대 성의학연구소의 골드스틴 박사 밑에서 수련할 기회를 만들어냈다. 그리고 나는 같은 보스턴에 있는 하버드 의대 케임브리지 병원에서 가족 및 부부 치료자 수련을 1년간 받는 과정에 합격해 부부 치료를 공부하게 되었다.

나는 부부 치료를 본격적으로 배우면서 대화법과 남편을 대하는 태도를 바꿔나갔다. 비난을 자제하고 나의 감정을 이야기하며 협조와 동의를 끌어내려 애써보았더니 신기하게도 남편의 태도가 조금씩 달라지기 시작했다. 이래서 부부 치료를 하는 것이구나 싶었다. 남편은 내가 부부 치료 수련 과정에서 배운 것을 실제로 연습해보는 대상이기도 했다.

남편은 남편대로 정신분석 치료를 통해 자신의 내면을 들여다보며 정서적으로 더 안정감을 갖게 되었다. 유학 생활의 스트레스, 배우자와의 갈등, 아이 문제 등으로 나름 고충이 있었던 남편은 치료자와 만나고 오는 날이면 확실히 태도가 부드럽고 안정적이었다.

불평불만을 늘어놓던 기존의 방식에서 벗어나 남편에게 부드럽게 도움을 요청하는 식으로 대화를 시도하니 남편은 내 말을 더 잘 들어주고 요구사항도 잘 따라주었다. 무조건 꾹꾹 참고 견디기만 했던 나는 힘든 감정을 표현하면서 한결 숨통이 트이게 되고 남편에 대한 피해의식도 훨씬 덜해졌다. 부부 치료 센터의 동료들과 지도 교수에게 우리 문제를 상의하고 조언을 들은 것도 큰 도움이 되었다. 나도 더 객관적으로 우리 부부의 상황을 바라보게 되고 정서적인 지지를 받다 보니 일석이조의 효과가 있었다.

우리 부부의 사이가 좋아지면서 아이도 편안해지고 안정적인 상태가 되었다. 아이 문제로 남편과 서로 대립하는 일이 급격히 줄어들었다. 부부 갈등이 아이의 불안정으로 연결되고 이로 인한 부부 갈등이 악순환 되던 상황에서 벗어나 부부 관계가 안정되면서 아이도 안정되는 선순환으로 바뀌었다. 우리가 부부 사이 사랑의 결실이자 부부 갈등의 원인이 되기도 하는 자녀의 이중적인 의미를 강조하고 부부 관계가 결혼의 중심이 되어야 한다고 주장하게 된 배경에는 우리 자신의 뼈아픈 경험이 있었던 것이다.

유학을 마치고 한국으로 귀국한 뒤 우리 부부는 둘째 아이를 계획 하에 임신하게 되었다. 시행착오 끝에 이제는 준비가 되었고 더 잘해보자는 마음이 있었다. 나는 남편의 성격을 많이 닮은 아이를 보면서 남편의 어린 시절에 대해 유추해보기도 했다. 내가 남편을 더 잘 이해하게 되는 기회를 아이가 준 셈이다.

물론 이후에도 문제는 있었다. 남편은 내 관심이 자신보다 아이에게 쏠리는 것을 힘들어했다. 내가 아이를 재우다 아이 방에서 같이 잠들어버리면 본의 아니게 남편과 각방을 쓰는 상황이 되었는데 그 문제로 몇 번 다투기도 했다. 결국 그 과정에서 유아용 CCTV인 베이비 모니터를 사용하면서 내가 이 방 저 방을 왔다 갔다 하며 몇 년을 고생하긴 했지만 그만큼 보람은 있었던 것 같다. 우리 관계에서도 서로에 대해 더 배려하게 되었고, 부부가 단둘이 시간을 보내야 한다는 타임셰어링 치료법도 개발했다. 우리는 이 치료법을 환자 진료에 적용해 좋은 성과를 보기도 했다.

부부 갈등에 제삼자 개입은 금물

남편은 돌아가신 시어머니가 나와 성품이 많이 닮았다고 이야기하곤 했다. 시아버지와 같은 교육자셨던 시어머니는 희생적이고 인자한 성품으로 주변 사람들의 존경을 많이 받으셨다고 한다. 짐작컨대 강하고 가부장적인 시아버지에게 늘 양보하고 희생하는 전형적인 현모양처 스타일이셨던 것 같다.

그런데 그런 훌륭한 시어머니가 나에게는 넘기 어려운 존재였다. 남편은 자신의 부모님이 그러했듯이 늘 희생하고 져주는 아내의 모습을 나에게 요구했다. 아무리 해도 나는 까다로운 기준을 맞추기가 힘들었다. 남편은 나에게 기대에 미치지 못해 실망스럽다고 했고 나는 갈수록 의욕이 꺾였다.

결혼 초기에 남편과 부딪쳐 힘들 때마다 나는 남편의 누나, 즉 시누이와 시아버지에게 도움을 청하곤 했다. 시어머니를 보고 자란 시누이는 마찬가지로 희생적인 현모양처 스타일이고 나에게도 비슷한 대처법을 조언해주셨다. 시아버지도 내 이야기를 잘 들어주시고 남편에게 피드백을 해주셨다. 특히 시누이는 고맙게도 우리가 다툴 때마다 중간에서 중재 역할을 열심히 해주셨다. 그런데 이상하게도 중재를 하면 할수록 문제가 해결되기는커녕 우리 부부의 갈등은 점점 더 깊어졌고 급기야 이혼 얘기까지 나오게 됐다.

그때 절실히 깨달은 게 있다. 아무리 좋은 의도가 있더라도 제 삼자가 부부 사이에 섣부르게 끼어들면 안 된다는 것이다. 시행착오 끝에 얻은 이 깨달음은, 나중에 알고 보니 부부 치료에서 매우 강조하는 원칙이기도 했다.

얼핏 생각하기에는 부부 관계에 심각한 갈등이 있을 때 가족이나 친구 부부 등에게 도움을 청하는 게 도움이 될 거라 여길 수도 있다. 그러나 주변 인물의 개입은 일시적인 중재가 필요하거나 아니면 '여기서 더 가면 두 사람의 관계가 끝날 수도 있다'라는 강력한 경고의 의미가 있을 때만 효과가 있다. 제삼자의 중재가 반복되다 보면 부부인 두 사람이 대화하고 타협하는 방법을 터득하지 못하게 된다. 그리고 제삼자의 중재 과정에서 또 다른 오해와 감정적인 앙금이 생기면서 결국에는 갈등이 깊어질 위험이 있다. 쉽게 말해 제삼자가 끼어 있으면 부부간의 직접적인 소통이 차단되고 왜곡되는 결과를 가져오는 것이다.

이런 이유로 부부 치료에서는 아무리 가까운 관계라 해도 제삼자의 개입은 차단하도록 권하고 있다. 심지어 부부 갈등으로 치료를 하는 상황에서도 치료자는 가급적 부부 관계에 최단 기간 객관적으로 중재 역할을 하도록 제한한다.

나는 어느 순간부터 시누이에게 중재를 요청하거나 남편과의 다툼에 대해 털어놓는 일을 중단했다. 이후 우리 부부 관계는 오히려 최악의 상황을 넘기게 되었다. 지지고 볶더라고 부부 관계는 결국 당사자 둘이서 만들어가야 한다. 우리 부부는 이런 중요한 교훈을 몸소 체험해 깨달았다.

결혼은 기브 앤드 테이크
비 즈 니 스 다 ?

몇 년을 뜨겁게 연애하며 동고동락하다가도 결혼에 이르지 못하는 커플이 있는가 하면, 만난 지 얼마 되지도 않았는데 초고속으로 결혼하는 커플도 있다. 그리고 연애를 할 때는 별문제가 없었는데 결혼을 결심하고 준비하는 과정에서 갈등을 겪는 커플들이 정말 많다. 왜 이런 걸까?

아마도 연애와 결혼은 여러 가지로 다른 면이 있기 때문일 것이다. 연애와 달리 결혼은 법적인 계약 관계이기에 더 진지하고 심각하며, 서로가 상대 배우자에게 의무와 권리를 갖게 된다. 부부란 한집에서 기거하고 인생의 중요한 의사결정을 함께 하면서 경제도 공유하는 운명 공동체이기도 하다.

연애와 결혼의 차이점 가운데 특히 우리나라에서 중시되는 부분이 '결혼은 양가 가족의 결합'이라는 것이다. 비슷한 환경과 문화, 종교적 배경 등 서로 잘 맞거나 보완되는 집안 간의 결합은 여러 가지 장점이 있을 수 있다. 그런데 양가의 결합 과정에서 심각한 갈등이나 문제가 생기는 일이 비일비재하다. 혼수나 신혼집 마련으로 인한 갈등이 대표적이다. 진료실에서 보는 커플들뿐 아니라 주변을 둘러봐도 결혼을 준비하는 과정에서 혼수나 신혼집 문제로 양가가 대립하다 파혼까지 이르는 경우도 있다.

"우리 집안이 어떤 집안인데 이런 대접을 받아야 하니? 내 눈에 흙이 들어가기 전에는 이 결혼 절대 못 한다."

드라마에서 자식의 결혼을 결사반대하는 어머니의 단골 대사처럼, 혼수 갈등은 양쪽 집안의 자존심 대결이나 힘겨루기의 성격도 있지만, 지극히 현실적이고 경제적인 이유에서 기인하기도 한다. 우리가 살아가는 자본주의 사회에서는 경제력이나 물질적인 자산이 살아가는 데 중요한 요인이 될 수밖에 없다. 더욱이 장기화된 경기 침체와 심화된 양극화, 높은 청년실업률은 결혼 자체를 절대 손해 보면 안 되는 일생일대의 기브 앤드 테이크give and take 식 비즈니스 기회처럼 변질시킨 것 같다. 결혼정보 회사에서 등급제로 이뤄지는 회원 관리 프로그램을 보면 경쟁률 치열한 대학 입시 모집 요강을 들여다보는 것만 같다.

따지고 보면 이런 식의 기브 앤드 테이크는 400만 년가량의 오랜 인류의 역사 속에 지속적으로 존재해왔다. 인류를 포함한 동물의 세계에서 암컷과 수컷의 짝짓기는 자신의 유전자를 더욱더 유리한 조건에서 후대에 생존시키기 위한 과정이다. 너무 노골적인 이야기 같지만 짝짓기는 수컷의 사냥감이나 노동력, 재화 등이 암컷이 제공하는 성적 즐거움, 사랑의 행위와 맞교환되는 형태라 할 수 있다. 과거 수렵채집사회에서 암컷의 선택을 받기 위해 수컷에게 필요했던 사냥 능력이 현대 자본주의 사회에서는 경제력이 된 셈이다. 진화생물학자들은 우리가 느끼는 사랑의 감정도 자손을 잘 키우기 위해 여성과 남성이 서로 협업하고 기브 앤드 테이크하는 생물학적인 프로그래밍이라고 말하기도 한다.

트로피 와이프 부부의 허상

하지만 이런저런 조건을 까다롭게 따져서 밑지지 않는 결혼을 성공적으로 했다고 해서 그 결혼 생활이 행복할지는 미지수다. 찬욱 씨의 사연을 들어보면 딱하기 그지없다. 30대 후반의 찬욱 씨는 지방 출신으로 명문대를 졸업하고 사회적으로 성공한 인물이다. 하지만 가난한 농부의 아들로 집안 배경은 딱히 내세울 게 없었다. 결혼은 그에게 성공을 위한 날개를 달아주는 듯했다. 결혼 정보 회사를 통해 만난 미모의 아내는 집안 배경까지 좋아서 찬욱 씨는 주변의 부러움을 샀다. 반면 부잣집 딸로 자란 아내는 부족한 학력에 대한 열등감이 컸던지라 돈 많은 남자보다는 찬욱 씨처럼 학벌이 좋은 사람에게 호감을 보였다. 능력에 비해 배경이 없던 찬욱 씨도 장인이 재력가란 사실이 내심 기뻤지만, 결혼 직후 그것이 독이 든 사과라는 것을 알게 됐다.

신혼부터 찬욱 씨의 아내는 불만을 드러내기 바빴다. 시댁이 가난한 것이 창피하다, 고향 집은 낡고 퀴퀴한 냄새가 나고 찬물밖에 안 나와서 가기 싫다, 동서들이 촌스럽다 등등 시댁을 다녀오는 길엔 끊임없이 불평을 했다. 찬욱 씨 또한 명절 때마다 처가를 방문하는 게 지옥에 가는 것 같았다. 장인·장모는 사위 입장은 아랑곳없이 외동딸의 불만만 받아주며 사위를 탓했다.

친정 부모의 일방적인 편들기에 힘입어 기세등등한 아내는 시부모에게도 신경을 써달라는 남편의 하소연에 면박을 주었다.

"개천에서 용 난 주제에……."

습관처럼 자신을 무시하는 아내의 말에 찬욱 씨의 가슴은 멍들었고 모멸감은 극에 달했다. 아내는 명절을 보낸 후에는 시댁을 다녀오느라 힘들었으니 스트레스를 푼다며 친구들과 어울려 놀다가 밤늦게 귀가하는 일이 늘었다. 결혼 후에도 여전히 자신의 미모가 통해 남자들이 관심을 보인다며 기뻐하던 철부지 아내는 급기야 외도까지 했고, 이를 나무라는 남편을 되레 몰아붙였다.

성욕 저하로 아내와의 성관계를 피하게 된 찬욱 씨는 아내의 손에 이끌려 병원을 찾았다.

"이 상태에서 아이까지 갖는 건 불행을 더 키우는 일이에요. 저하나 불행한 걸로 족합니다."

결혼으로 인생역전을 했다며 주변 사람들의 부러움을 샀던 찬욱 씨의 고백이다.

이와 반대로 여러 가지 면에서 자신보다 스펙이 훨씬 뛰어난 잘난 남성과 결혼했거나 남편의 집안이 명문가나 재력가여서 소위 신데렐라로 불리는 여성들의 결혼 생활 또한 녹록지 않다. 모진 시집살이에 자기중심적인 남편으로 인해 마음고생 한다는 이야기를 많이 듣는다.

성공한 남성이 트로피처럼 미모의 아내를 얻는 경우도 마찬가지다. 이런 아내를 '트로피 와이프trophy wife'라 한다. 1989년 미국의 경제지 〈포천Fortune〉이 유행시킨 말이다. 유명 인사의 가십을 다룰 때는 화려한 트로피 와이프에 초점을 맞추고 겉으로 보이는 행복만을 얘기할 뿐이다. 하지만 전문가로서 그런 부부들을 접해본 경험에 따르면 이들의 상당수는 행복하지 못하다. 내면적으로 문제가 있는 것이다. 특히 미모나 겉모습에 집착하는 여성 중에는 연극성 성격장애를 가진 사람이 많다. 그들은 사람들의 관심과 시선을 즐길 뿐 실제 소중한 대상과 일대일로 친밀하게 관계를 맺는

데 서투르다. 그래서 남편뿐 아니라 아이와도 거리가 멀다.

이런 부부의 불행은 남편의 문제 때문에 유발되기도 한다. 겉으로는 성공한 것처럼 보여도 진정한 자신감이 부족하고 열등감이 큰 남성은 배우자의 외모와 조건으로 자신의 열등감을 보충하려는 무의식에 의해 트로피 와이프를 찾는다. 트로피 와이프 부부는 끝까지 쇼윈도 부부로 살거나 섹스리스, 부부 갈등으로 힘들어하다 헤어지는 경우가 많다.

결혼이 인생에서 가장 중요한 선택 중 하나인 것은 분명하다. 나의 부족함을 보완해주는 좋은 배우자를 만나는 것 또한 꼭 필요하고 바람직한 일이다. 그러나 너무 외적인 요소에 치우친 기브 앤드 테이크 식 결혼을 추구하면 부부간 내면의 결합이나 행복과 같은 중요한 부분을 놓치기 쉽다. 중요한 것은 눈에 보이지 않는다는 말은 여기에 딱 들어맞는 표현이다.

더 사랑하고 싶은 당신에게

'남자는 섹스, 여자는 사랑', 맞는 말일까?

어느 정도 맞는 말이긴 해도 이는 너무 이분법적인 사고다. 킨제이연구소에서 남성들에게 '섹스에서 가장 중요한 게 무엇인가?'라고 설문조사를 한 적이 있다. 이때 1위로 꼽힌 답이 '나의 만족감'이었다. 같은 질문에 대한 여성 응답자들의 답변 1위는 '상대방과의 관계'였다. 여기까지만 들으면 남자는 '섹스, 여자는 사랑'이란 공식이 성립되는 것만 같다. 그런데 남성들의 답변에서 2위를 차지한 게 뭔지 아는가? 바로 '상대방과의 관계'였다. 남성들에게도 사랑이 중요하다는 얘기다.

사실 남성들이 감정 표현이나 공감 능력 측면에서 여성보다 조금씩 떨어지긴 한다. 말로 잘 표현하지 못하기 때문에 몸으로 하는 경우가 많다. 대표적인 예가 부부 싸움을 한 뒤에 화해를 한답시고 들이대며 다가오는 것이다. 맞다, 아내들이 가장 싫어하는 행동이다. 하지만 남편이 그렇게 나올 때 "짐승이냐? 이 상황에서 이러고 싶냐?"라고 타박하기 전에 '그래, 이 사람은 이게 화해의 제스처구나' 하고 어느 정도는 이해를 해줄 필요가 있다.

현실적인 생활에 치여 살다 보면 부부 관계가 점점 수동적으로 흘러갈 때가 있다. 남편이 피곤하다고 하는데도 무조건 남편의 리드를 기다리는 수동적인 아내들이 생각보다 꽤 많다. 욕구를 표현하면 남편이 자신을 밝힌다고 여길까 봐 속내를 드러내지 못하는 아내들도 많다. 하지만 기억해야 한다. 때로는 남편도 아내가 먼저 다가와주기를 바란다는 사실을 말이

다. 남편들의 마음속에는 아내가 적극적으로 자신을 이끌어
주기를 바라는 판타지가 있다.

가장 위대한 사랑을
노래 했던 그녀에게

'실패하든 성공하든 적어도 난 내가 믿는 바대로 살 거야. 누구도 내게서 나의 존엄만은 빼앗을 수 없어. 가장 위대한 사랑은 내 안에 있고 나 자신을 사랑하는 것이니까.'

유명한 노래 〈가장 위대한 사랑Greatest Love of All〉의 가사다. 원래 이 곡은 복서 무하마드 알리의 전기 영화를 위해 만들어진 곡이었지만 휘트니 휴스턴이 리바이벌하면서 전 세계적인 히트곡이 되었다. 휘트니의 목소리와 호소력 짙은 가창력도 훌륭하지만 마음에 큰 울림과 위안을 주는 가사 때문에 많은 사랑을 받은 노래다.

그런데 아름다운 가사와는 달리 실제 휘트니 휴스턴의 삶은 존엄과 사랑만으로 채워지지 못했던 것 같다. 어머니 씨시 휴스턴을 비롯해 사촌언니 디온 워윅, 대모 아레사 프랭클린 등 전설적인 가수들에 둘러싸인 환경에서 어려서부터 교회 성가대 활동을 하고 어머니와 함께 클럽에서 노래하며 일종의 음악 영재 교육을 받았던 휘트니 휴스턴은 엄마 말을 잘 듣는 착한 딸이었다고 한다. 특출한 재능 탓에 어려서부터 가수 데뷔를 권유받고 음반회사의 러브콜도 많았지만 고등학교는 꼭 졸업해야 한다는 어머니 뜻에 따라 성인이 되고 나서야 비로소 가수가 되었다. 휘트니 휴스턴은 20대 초반 데뷔 이래 한 번도 실패를 경험한 적이 없었다.

그런 그녀의 장밋빛 인생이 뒤틀리기 시작한 건 바비 브라운과 만나 결혼을 하면서부터였다. 여섯 살 연하의 남편 바비 브라운과의 결혼은 애초 많은 걱정과 불안을 안고 시작되었다. 독실한 기독교인이자 성공한 음악인 가정에서 성장했던 엄친딸 휘트니 휴스턴과는 대조적으로 도시 빈민가 가정에서 자란 바비 브라운은 어린 시절부터 비행으로 점철된 삶을 살아왔다. 열 살 때부터 절도, 폭력, 마약사건 등으로 경찰서를 들락거리던 바비 브라운은 뮤지션으로 가장 잘나가던 시기에 휘트니 휴스턴과 만나 결혼했는데, 결혼 당시 이미 혼외 자식이 세 명이나 있을 정도로 여자 관계가 복잡했고 마약과 술을 즐기며 한 번씩 폭행 사건에도 연루되는 소위 나쁜 남자였다.

휘트니 휴스턴은 결혼 생활 내내 남편이 저지른 사고를 수습하기 바빴고 온갖 악행에도 그를 두둔했으며 자신을 대스타 휘트니 휴스턴이 아닌 미세스 브라운이라 불러달라며 스스로를 낮추곤 했다. 이는 아마도 자신에게 열등감을 느끼는 남편에 대한 배려였을 것이다. 14년의 결혼 생활 동안 휘트니 휴스턴은 남편을 끝끝내 구원하지 못했고, 외려 남편에게서 마약을 배우고 상습적인 학대와 가정 폭력에 시달렸다. 결혼 이후에도 가수와 배우로 승승장구하던 휘트니 휴스턴과는 달리 남편 바비 브라운은 가수로 더 이상 인기를 얻지 못했다. 그런 그에게 휘트니 휴스턴은 '내겐 너무 잘난 당신'이었다.

잘나가는 아내에 대한 질투심과 열등감은 원래부터 불안정하던 바비 브라운을 더욱 병들게 만들었고, 주변에서 못난 남자라 비난하면 할수록 남편은 아내를 점점 더 못살게 굴었다. 여기서 바비 브라운을 살짝 변호해주자면 그는 어린 시절 이미 주의력결핍장애로 진단받았고 성인이 된 후에 조울병 진단을 받은, 나쁜 남자이기 이전에 '아픈 남자'였다. 조울병은 치료하지 않으면 알코올중독이나 마약중독, 폭력 등의 문제를 일으킬 수 있는 심각한 질환이며 무엇보다 배우자와의 결혼 생활을 힘들게 할 수 있다.

왜 휘트니 휴스턴이 바비 브라운에게 끌렸는지는 정확히 알 수 없지만, 그녀가 여섯 살 연하의 악동 불량소년 바비 브라운에게 구원 환상rescue fantasy을 가졌던 건 아닌지 모르겠다. 구원 환상이란 정신분석에서 쓰는 용어로 원래는 부모에게 의존적이고 통제를 받는 아이가 이로 인한 분노와 좌절감을 극복하기 위해, 자신이 위기에서 부모를 구원하는 정반대 역할을 갈망하는 것이다. 이런 구원 환상은 배우자나 이성 관계에서 자주 나타나는데 어려서부터 어머니의 통제와 보호 안에 있었던 휘트니 휴스턴도 그랬던 것 같다.

어머니에 대한 강한 의존성은 남편 바비 브라운에 대한 의존성으로, 나아가 약물과 마약에 대한 의존으로 옮겨갔고 결국 스스로를 나락에 빠뜨렸다. 착한 딸이었던 그녀가 착한 아내가 되려고 했던 점이나 불행한 결혼 생활을 어떻게든 유지해보려 노력했던 것도 결국엔 늘 주변의 기대에 부응해야 한다는 그녀의 의존성 때문일 가능성이 크다.

주변을 둘러보면 정말 괜찮은 사람이 그에 비해 많이 부족한 배우자와 결혼한 경우가 있는데, 이는 단순히 어느 한쪽이 횡재를 하거나 너무 착하고 순진해서만은 아니다. 배우자는 또 다른 나이자 거울과 같은 존재이기에, 어떤 배우자를 선택하고 어떤 결혼 생활을 하는지가 그 사람의 적나라한 모습의 반영일 수 있다.

내가 나를 사랑할 줄 알아야

마약과 수면제에 취한 채로 욕조에 빠져 비극적으로 생을 마감한 우리 시대의 디바 휘트니 휴스턴을 생각하면 마음이 아프다. 2010년 2월, 처음이자 마지막으로 한국을 찾은 그녀의 라이브 무대를 보기 위해 몰려든 수많은 인파 속에 우리 부부도 있었다. 휘트니 휴스턴의 공연을 보고 싶어 하던 소원은 성취되었으나 우리는 아쉬움이 더 컸다.

감기에 걸려 계속 기침을 하고 목소리가 안 나와서 중간에 밴드 멤버가 10여 분을 대신 노래하도록 시키는 그녀를 보면서, 그간 많이 아팠으니 이해해주자는 동정심이 들다가도 한편으로는 하늘이 준 좋은 재능을 어떻게 저리 망가뜨릴 수 있나 원망스럽기도 했다. 아름다운 노래로 위로와 감동을 주던 전설적 여왕의 망가져버린 불행한 모습을 목격한 것 같아 공연이 끝나고 집으로 돌아오는 길이 얼마나 울적하고 속상했는지 모른다. 그로부터 2년 후 휘트니 휴스턴의 사망 소식을 들었을 때 그리 많이 놀라지 않았던 건 그날 공연을 보면서 느꼈던 불길한 예감이 들어맞은 것 같아서였다.

엄청난 재능을 타고나고 좋은 환경에서 관심을 받고 자란다고 해도, 내가 나의 주체가 되지 못하고 성숙하지 못하면 진정한 자존감을 가지기도, 나를 아껴주는 성숙한 배우자를 만나기도, 건강하지 못한 관계에서 벗어나기도 어렵다. 어떤 배우자를 선택하는지, 배우자와 어떤 관계를 맺고 있는지를 보면 그 사람을 더 정확히 파악할 수 있다는 어느 노련한 정신분석가의 말처럼, 건강한 부부 관계는 무조건적인 희생을 요하는 게 아니라 두 사람의 건강한 개인이 만나서 함께 만들어가는 것이다. 성숙하고 건강한 배우자를 만나려면 먼저 내가 성숙하고 건강해야 하고, 배우자에게 사랑받기 위해선 내가 나 자신을 진정으로 사랑할 줄 알아야 한다.

'가장 위대한 사랑은 나 자신을 사랑하는 것'이라고 노래 부르던 휘트니 휴스턴이 그녀의 노래처럼 천국에서는 자기 자신을 사랑하며 편안히 영면하길 진심으로 바란다.

· · · · · · · · 더 사랑하고 싶은 당신에게 · · · · · · · ·

결혼 생활에서 명심해야 할 3가지

① 나 자신을 들여다본다

지금 내 감정이 어떤지, 내가 어떤 사람이고 내가 원하는 삶은 어떤 것인지를 아는 것은 부부 관계에서 중요하다. 관계는 어느 한쪽이 만드는 것이 아니라 두 사람이 함께 만드는 것이므로 부부 관계에 문제가 있다면 기본적으로는 두 사람 모두에게 책임이 있다고 봐야 한다. 내 문제를 배우자에게 다 해결하라고 요구하거나, 내 불행을 배우자를 통해 보상받으려고 하는 것은 잘못이다. 내가 원하는 것이 무엇인지도 모르고 스스로의 힘으로 원하는 삶을 꾸려갈 수 없다면, 부부 관계에서도 행복을 찾기는 어렵다.

② 내 몸과 마음의 건강을 돌본다

행복한 부부 관계를 만들고 싶은 이유는 결국 내가 행복해지고 싶어서다. 거꾸로 내가 스트레스를 많이 받아서 우울하거나 몸이 아프고 힘들면 부부 관계에도 안 좋은 영향을 줄 수밖에 없다. 부부 갈등 때문에 우울해지기도 하지만 그렇게 우울해진 아내나 남편이 부부 관계에서 갈등을 더 악화시키기도 한다.

③ 각자의 재충전 시간을 갖는다

사이좋은 부부라고 해서 언제나 꼭 붙어 다녀야 하는 것은 아니다. 때로는 각자 친구들을 만나고, 좋아하는 취미 생활을 즐기고, 자기관리를 위해 운동을 즐길 수도 있다. 이런 재충전의 시간은 나 자신의 건강과 행복을 위해서도 필요하고, 부부 관계에서 상대방에 대한 호감이나 열정을 유지하는 데도 도움이 된다.

강동우   유독 우리나라가 섹스리스 부부가 많은 진짜 이유가 뭘까요? 관계를 맺는 데 서툴기 때문입니다.

백혜경   우리나라가 주류 소비량도 많잖아요. 소통을 잘하기 위해 많은 사람들이 술의 힘을 빌리려고 합니다. 어떤 식으로 타인과 교감을 나누고 소통해야 하는지를 잘 배우지 못한 것이죠. 젊은 층은 그래도 좀 나은 편이지만, 관계 맺는 것을 참 어려워하는 문화예요.

강동우   부부는 가장 기본이 되는 인간관계입니다. 사실 섹스는 그 부부가 몸으로 나누는 대화, 즉 소통이라 할 수 있죠.

백혜경   그리고 섹스리스를 판단할 때 중요한 건 횟수가 아닙니다. 아이가 생기거나 과중한 업무에 시달리다 보면 부부간 성관계는 줄어드는 게 당연하거든요.

강동우   그런데 사람들은 몇 회 이상이면 정상이냐고 그것만 물어요. 그 범위에 들기만 하면 자신은 정상이라 여기고 안심하죠. 섹스도 스펙처럼 생각하는 사람들이 많습니다.

Part 2

몸도

마음도

뜨겁지 않다

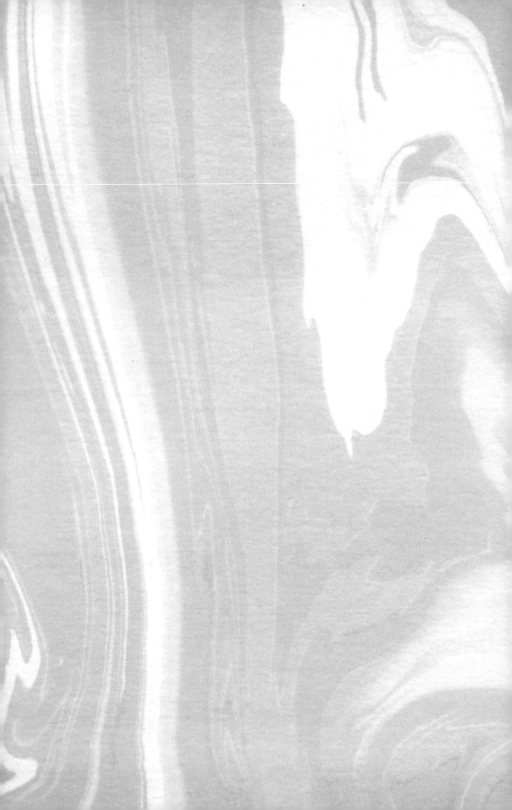

섹스리스를 간과하면
안 되는 이유

"당사자인 내가 괜찮다고 하는데, 왜 섹스리스가 문제라는 거죠?"

함께 잠자리만 안 할 뿐이지 아무 문제없이 사이좋게 지내는 부부도 얼마든지 있다고들 이야기한다. 기본적으로 부부가 서로 합의한 사항이라면 그것이 섹스리스든 서로의 다른 섹스파트너를 인정해주는 오픈매리지든 제삼자가 이에 대해 개입할 수는 없다. 실제 부부 어느 한쪽이 신체적 혹은 정신적 장애가 있어 성관계가 아예 불가능하거나 힘든 경우도 있을 수 있다.

그럼에도 불구하고 섹스리스가 문제라고 하는 이유는, 당사자들이 아무리 괜찮다고 해도 결국에는 외도나 부부 갈등 같은 문제가 생기는 경우가 태반이고, 반대로 섹스리스라는 상태 자체가 부부 어느 한쪽이나 양쪽, 또는 부부 관계에 문제가 있을 때 그 결과로 자연스레 생기는 일이기 때문이다. 다시 말해 섹스리스는 그 자체로도 문제지만 부부 관계에 문제가 생겼다는 위험 신호인 경우가 많으므로 주의해야 한다는 것이다. 이런 문제들은 이미 다양한 연구를 통해 입증된 바 있다.

부부 관계 즉 결혼은 안정적인 성관계 파트너십과 자녀 공동 양육이라는 생물학적이고 근원적인 목적을 기반으로 하고 있다. 물론 그 외에도 친밀감과 애정 욕구 충족, 동반자적인 관계 및 사회경제적인 필요 등도 결혼의 또 다른 목적이기도 하지만, 결혼의 근원에 성관계 파트너십이 있다는 것은 분명한 사실이다.

우리나라 사람들이 결혼에서 중요하게 생각하는 자녀 출산 자체가 성관계 없이는 불가능하고 부부는 곧 성적인 파트너 관계라는 것이 기본임에도 불구하고 성을 터부시하며 부정적으로 보는 시각이 있다. 이렇게 중요한 부분을 무시하거나 눈 가리고 아웅하는 식으로 부정하는 경우를 특히 우리나라 부부들에서 많이 찾아볼 수 있는데, 이는 선진국과 비교했을 때 두 배에 이르는 높은 섹스리스 비율이라든지 우리나라에서 발달된 성매매 산업과도 큰 관련이 있다.

과거와 달리 여성의 경제적인 능력과 권리가 신장되고 남녀평등이 지향되는 사회적 분위기와 함께 개인의 삶의 질을 중시하는 경향이 높아질수록 섹스리스 결혼을 묵인하고 지속할 가능성은 줄어들 것으로 본다. 최근 들어 높아진 이혼율이 말해주듯이 자녀라든지 이혼으로 인해 닥칠 경제적 어려움, 그리고 타인의 시선 때문에 불만족스러운 결혼 생활을 억지로 유지하려고 하는 시대는 갔다.

10년 전 병원을 개원한 이래 수많은 섹스리스 부부를 봐왔는데, 그 어떤 부부도 타인의 의사로 병원에 오지는 않는다. 남편이나 아내 어느 한쪽이나 양쪽 모두가 결혼 생활에 불만이 있기 때문에 병원을 찾는 것이고, 단순히 성욕이 채워지지 않아서 힘들다는 것 이상으로 부부 관계의 소원함, 반복되는 갈등, 외도 등의 문제들을 가지고 있다.

우리가 방송에 출연하거나 인터뷰를 할 때 섹스리스를 문제로 지적하면 유난히 거부감을 드러내는 사람들을 접하게 된다. 보통은 가부장적인 남성들이나 성에 대해 억제가 심한 여성들이 그런 반응을 보인다. 그들은 자신들의 결혼 생활에 아무 문제가 없다고 하지만 반복되는 외도라든지 부부 관계 친밀감 부족, 기타 부부 및 가족 내 갈등 같은 문제를 안고 있는 경우가 있다. 섹스리스나 부부 사이에 각방을 쓰는 게 아무 문제없다고 주장하다가 얼마 지나지 않아 이혼을 한 연예인 부부들도 있었다.

오누이 같은 부부, 친구 같은 부부로 지금 당장은 어떻게 잘 지낼 수 있겠지만 결국 부부가 남과 다른 부분이 무엇이겠는가. 바로 성이다. 이 세상에 유일하게 사회적·법적·도덕적으로 허락된 성이다. 섹스를 하는 부부와 안 하는 부부는 언뜻 보기엔 차이가 없을 수 있지만, 섹스는 단순한 쾌락을 위한 것이 아니라 부부간 친밀 관계의 상징이라 할 수 있다. 섹스리스라는 건 부부 사이의 거리감이 그만큼 크다는 얘기다. 실제로 섹스리스 부부를 치료해보면 그들은 한결같이 말한다. 자신들이 섹스리스로 평생을 살았다면 정말 끔찍했을 것 같다고 말이다.

섹스리스의 치료는 단순히 쾌락을 찾거나 기술을 배우는 치료가 아니다. 두 사람의 감정적 갈등, 성적 억제, 심신 건강의 문제를 종합 선물세트 같은 복합적인 문제로 보고 접근하는 치료라 할 수 있다. 섹스리스 상태가 얼마나 정확하게 둘 사이의 거리감을 의미했는지는 제대로 치료하고 나면 깨닫게 된다.

한 번 살 인생에서 그렇게 어려운 확률을 뚫고 부부의 연을 맺어놓고는 그 인연을 뻔하고 지루하게 만들어버리는 사람들을 보면 많이 안쓰럽다. 물론 평생 소박하게 산골에서만 조용히 살다 생을 마감할 수도 있다. 하지만 삶의 질을 생각한다면 힘들게 돈 모아서 외국도 구경해보고 '아, 세상은 정말 넓구나', '참 많은 사람들이 이런저런 재미로 살고 있구나' 하고 알고 나면 과거의 자신이 얼마나 답답하게 살았는지 깨닫게 되지 않을까.

속궁합은 정해져 있지 않다

그렇다면 부부 사이에 다른 건 다 만족스럽고 좋은데 성생활이 서로 안 맞는 경우, 성에 대한 가치관이나 접근 방식의 차이로 인해 개선되지 않고 계속 불만족스럽다면 서로의 행복을 위해 헤어지는 게 나은 걸까?

성 문제에 관한 여러 가지 오해 중 하나가 속궁합이 정해져 있다고 하는 믿음이다. 남성과 여성의 성생활에서의 일치도를 정해두고 그것을 마치 열쇠와 자물쇠 같은 신체구조적인 문제로 보고 속궁합에 대해 이야기하지만, 전문가 입장에서 우리나라에서 꼭 바꾸어야 할 잘못된 편견이 바로 속궁합이다. 속궁합을 성기의 크기나 모양의 문제로 생각하는 사람들도 많은데, 실제로 그러한 부분은 성적 만족도에 큰 차이를 주지 않는다.

속궁합이라는 건 얼마든지 변화할 수 있다. 처음에는 아직 서툴고 서로 잘 모르기에 두 사람이 잘 맞지 않을 때도 있지만, 서로를 알아가게 되고 맞춰나가면서 좋아지는 경우가 많다. 속궁합이라는 게 결국은 두 사람의 성 흥분 반응이 적절하게 잘 이뤄져 두 사람이 다 만족했느냐, 안 했느냐 하는 것이다. 그런데 성적인 반응이라는 게 각자 그 당시의 신체 상태와 심리 상태, 환경적인 부분에 따라 그때그때 달라질 수 있다. 그러므로 한 번의 관계로 궁합이 맞다, 안 맞다 단정 지어 이야기할 수 없는 것이다. 서로 박자만

맞아지면 얼마든지 맞춰갈 수 있는 문제다. 결국 속궁합은 두 사람이 만들어가는 리듬이자 팀워크의 문제다.

부부간의 문제들이 타협을 통해 해결이 가능하듯이 속궁합 또한 해결이 가능한 문제다. 다만 성기능장애나 성적인 억제, 당사자의 내적 갈등으로 인해 스스로 해결하기 힘든 경우가 많아서 적절한 치료적 개입이 필요할 때가 있다.

성은 사람들의 관심이 높은 분야다 보니 잘못된 정보나 신비주의에 가까운 오해가 많이 퍼져 있다. 수 세기 전에 나온 인도의 《카마수트라》, 중국의 《소녀경》을 비방이라며 신봉하는 인터넷 블로거들이나 전문적이지 않은 얕은 지식으로 전문가 행세를 하는 이들이 그릇된 정보로 사람들을 혼란에 빠트린다. 그로 인해 마치 나와 속궁합이 딱 맞는 운명적인 사람은 정해져 있고 이를 바꿀 수 없다고 오해해 배우자와 트러블이 생기면 쉽게 포기하거나 심지어 이혼에 이르는 안타까운 상황도 종종 있다.

그간의 임상 경험을 보면 부부가 서로 노력하고 적절한 방향을 잡고 간다면 성에 대한 접근 방식의 차이가 극복하지 못할 수준인 경우는 드물다. 부부 관계를 위해 성 문제를 해결해야 할 필요도 있지만 성욕이나 성기능은 개인의 심리적·신체적 건강의 척도라는 점을 감안하면 한 개인의 건강이나 행복을 위해서도 성 문제는 잘 분석해 해결하는 게 좋다.

다양한 성감대를 찾아서

성 치료에서 행동 요법의 골자 중 하나로 성감초점 훈련을 들 수 있다. 이 훈련에선 간지럼에 대해 적응하는 것도 중요한 과정이다. 고대 서양 역사에서는 황제나 여제가 성 흥분을 위해 비밀스러운 마사지 전문가를 동원했다는 기록이 꽤 남아 있다.

실은 우리의 온몸이 성감대다. 간지러운 부위는 아직 제대로 개발되지 않은 성감대 중 한 곳이다. 만약 자신이 상대방의 성적 자극에 자꾸 간지럽다며 피하거나 몸이 굳어진다면, 충분한 이완 상태에서 오히려 간지럼에 적응해볼 필요가 있다. 처음에는 별로 느낌이 없을 수 있지만 반복하다 보면 결국 즐거움으로 바뀔 수 있다. 그런 변화를 실제로 많은 사람들이 경험한다. 그러므로 자꾸 자극을 시도해보는 게 좋다. 이를 넘어서지 못한다면 더 자연스러운 성 흥분을 경험할 기회를 놓치는 셈이다.

간지럼 때문에 상대방의 자극을 회피하는 사람들을 살펴보면 오로지 가슴이나 성기 등 강한 성감대에 국한된 거친 자극만을 원하는 경향이 있다. 그리고 간지럼에 민감하거나 이를 받아들이지 못하고 밀어내는 사람들은 성장 과정에서 부모나 가족으로부터 적절한 스킨십의 경험이 부족했거나, 대인관계에서 부담을 느끼고 어색함이 있거나, 평소 긴장감·불안으로 자기 방어적인 신체 패턴을 보이는 경우가 많다. 살짝만 건드려도 화들짝 움츠러드는 미모사처럼 자신을 보호하기 위해 그런 반사 작용을 보이기도 하는데, 성적 자극을 부정적이고 위험한 것으로 인식해 피해야 할 위기 상황으로 받아들이는 것이다.

성감대를 다양하게 찾아보라고 하면 다들 무척 어려워한다. 그러나 기본만 알고 있으면 쉽다. 사람은 몸의 말단이라든지 구멍, 오목한 곳, 그리고 접힌 곳이나 관절 부위의 감각이 특히 예민하다. 몸에서 그런 부분들을 공략하다 보면 성감대를 찾을 수 있다. 서로 배려하는 에티켓을 가지고 상대방이 어떤 것을 좋아할지 생각해보면 그리 어려운 일이 아니다.

① 부부가 서로의 성기를 그려본다

오랜 시간을 함께한 부부라도 배우자의 성기를 자세히 들여다본 사람은 많지 않을 것이다. 특히 여성들은 자신의 성기가 흉측하게 생겼다고 생각해 상대방에게 보여주는 것을 두려워한다. 그럴수록 이런 훈련을 한번 해보자. 배우자의 성기를 자세히 그려보는 것은 색다른 경험을 선사한다. 성에 대한 긴장을 풀어줄 뿐 아니라 배우자가 정성껏 그려준 그림을 보면서 성에 대한 자신감을 가질 수도 있다.

② 배우자의 성감대를 그림으로 표시해본다

아내는 남편의 전신 실루엣을, 남편은 아내의 전신 실루엣을 종이에 그린다. 그런 다음 배우자의 몸 여기저기를 터치해보면서 기분이 좋다고 말하는 부분을 그림에 표시한다. 이 훈련은 한 번으로 그치지 않고 여러 번에 걸쳐 반복하는 게 효과적이다. 날짜에 따라 색깔을 달리해 표시하기도 하고, 터치하는 방법을 바꿔서 표시해보기도 하자. 예컨대 오늘은 쓰다듬는 식으로 터치를 했다면 다음 날은 붓으로 자극을 해볼 수 있다. 문지르거나 핥는 것도 방법이다. 이를 통해 배우자의 성감대를 하나하나 발견할 수 있을 뿐만 아니라 애무의 방법을 개발할 수 있다. 또한 같은 사람이라도 기분이나 상황에 따라 성감대가 변할 수도 있다는 사실을 깨닫게 될 것이다.

툭하면 폭발하는 아내,
그럴 만한 이유가 있다

50대 중반의 재중 씨는 집에 들어가는 게 무섭다. 다섯 살 연하의 아내 은미 씨가 요즘 들어 별것 아닌 일로 걸핏하면 버럭 화를 내서 눈치를 살피느라 피곤하다. 결혼 생활 22년 차 남편으로 이제 어지간히 아내를 잘 알고 맞춰준다고 생각했는데 최근의 변화는 감당하기 힘들 정도다. 대학생인 큰딸도 비슷한 생각인지 '엄마가 꼭 시한폭탄 같다'고 한다. 사내 연애를 거쳐 결혼하게 된 아내 은미 씨는 여성스럽고 다소곳한 성격의 전형적인 현모양처였다. 결혼 초 고부 갈등으로 마음고생을 좀 시킨 것 말고는 이만하면 아내에게 크게 힘들지 않고 무난한 결혼 생활이었다고 자평하는데도 최근 아내의 태도는 불평불만을 넘어 거의 트집을 잡는 수준이다. 남들이 아내가 무섭다고 할 때 그게 어떤 의미인지 잘 몰랐는데 이제 자신의 아내가 그 '무서운 아내'가 되었다.

재중 씨를 힘들게 하는 것은 아내의 짜증스럽고 거친 태도만이 아니다. 잠자리에서 조금만 다가가려 하면 아내는 단칼에 싫다고 거부를 한다. 은미 씨가 원래 성생활에 적극적인 편은 아니었지만 그래도 이 정도는 아니었는데 5~6년 전부터 서서히 성관계가 드문드문해지더니 1~2년 전부터는 아예 성관계가 전혀 없는 완벽한 섹스리스 상태다. 남들은 남편이 부부 관계를 안 해준다고 불만이라는데 아내는 손만 대도 신경질이다.

"도대체 당신 요즘 왜 이래? 사사건건 신경질에 짜증을 부리니 어디 무서워서 말이라도 붙이겠나? 남들은 남편 무심한 게 불만 이라는데 내가 손만 대도 화내고 획 돌아눕고……. 내가 바람이라 도 나야 정신을 차리겠어?"

잠자리에서 스킨십을 시도하다 또다시 은미 씨에게 무안을 당한 재중 씨가 드디어 폭발, 그간 참았던 감정을 쏟아냈다. 그러자 은미 씨는 갑자기 서럽게 울음을 터뜨렸다.

"당신이야말로 나한테 그동안 신경이나 썼어? 남들은 갱년기라고 남편이 챙겨준다는데……. 남편이고 자식이고 다 자기들 챙겨 주기만 바라지 내가 어떤지는 관심도 없잖아. 사는 게 다 의미 없고 내가 그동안 헛산 것 같아서 너무너무 화가 난다고!"

아뿔싸, 그녀는 갱년기를 심하게 겪고 있었던 것이다. 그리고 보니 아내가 언제 폐경이 되었는지조차 재중 씨는 모르고 있었다. 아내가 원래 보수적인 편이라 생리 이야기나 성과 관련된 이야기를 편하게 해본 적이 거의 없긴 했지만, 아내가 폐경이 된 줄도 까맣게 모르고 있었다니 자신이 그동안 너무 무심했구나 싶었다.

말이 나온 김에 재중 씨는 아내 은미 씨에게 성생활에 대해서도 물어보았다. 갱년기가 되면서 분비도 줄고 만족감도 줄어든 데다 특히 관계 시에 통증이 생겨서 성관계를 하는 게 여간 고역이 아니었다는 아내의 말을 들으니 재중 씨는 한편으론 미안하면서도, 왜 진작 솔직하게 얘기하지 않고 미련하게 참고만 있었나 하는 생각도 들었다. 그렇게 은미 씨와 재중 씨 부부는 병원을 찾았다.

몸과 마음의 갱년기 증상, 방법은 있다

은미 씨에 대한 전반적인 건강 상태와 심리 상태, 성기능에 대해 평가한 결과 예상대로 은미 씨는 전형적인 갱년기를 겪고 있었다. 폐경이 된 상태이므로 당연히 여성호르몬의 저하가 두드러졌고 남성호르몬을 비롯한 전반적인 성호르몬의 상태도 좋지 않은 편이었다. 폐경이 유발되는 원인이 난소에서 분비되는 여성호르몬의 급격한 저하이므로 이는 당연한 결과인데, 이런 여성호르몬 저하는 여성의 몸과 마음에 다양한 변화를 가져온다.

일단 성욕의 저하와 성 흥분 반응의 저하, 오르가슴의 약화 등 성기능이 이전보다 전반적으로 떨어진다. 은미 씨의 경우에도 성욕의 저하가 두드러졌는데, 이는 일차적으로 이전에 비해 감소된 호르몬의 영향에 의한 것이다. 여성호르몬의 저하는 신체적인 변화를 가져와 여성의 질 내부와 외음부 조직이 위축되고 얇아지게 된다. 그로 인해 건조감, 가려움증 내지 통증이 생길 수 있으며 성관계 시 분비가 잘되지 않는 문제가 생긴다. 이때 여성들이 전에 없던 성관계 통증을 심하게 호소하는 이유가 여기에 있다. 성관계 시 통증이 심하다 보니 자꾸 성관계가 하기 싫어지게 되고, 전보다 흥분이나 만족감도 떨어지면서 욕구는 더더욱 줄어든다. 그렇게 성관계를 피하다 보면 은미 씨처럼 남편과 갈등을 빚게 된다. 아내의 상황을 잘 모르는 남편의 입장에서는 아내가 자신을 거부한다고 생각해 섭섭하게 느낄 수 있다. 그러다 섹스리스 상태가 깊어지면서 외도 문제가 생기기도 한다.

은미 씨의 경우처럼 갱년기로 인한 성기능상의 문제는 제대로 치료하면 얼마든지 좋아질 수 있다. 흔히 여성들은 폐경기 과정에 자신이 여성으로서의 모든 기능을 다 잃은 것이라 생각해 지레 포기하고 치료받으러 가기가 쑥스럽다며 내버려뒀다가 문제를 악화시키는데, 폐경기는 임신 기능을 잃는 것일 뿐 다른 기능들은 전문적인 관리만 하면 별다른 문제없이 개선 효과를 볼 수 있다.

갱년기 성기능의 저하는 호르몬의 저하로 오는 문제이므로 일단 호르몬 치료가 중요한데, 무작정 여성호르몬만 투여하면 실질적인 성기능 개선의 효과는 떨어지고 불필요한 전신 부작용의 위험도 있으므로 주의해야 한다. 혈전증, 심혈관계 질환, 유방암 위험 등이 그러하다. 최근엔 이런 이유로 여성호르몬을 전신에 투여하는 것이 그렇게 각광받지 못한다. 이보다는 위축성 질염에 대한 국소적 치료와 여성호르몬 이외에도 원인이 되는 기타 호르몬의 소량 치료 및 질 근육 강화 등을 적절히 병합하는 것이 폐경기 여성의 성기능 문제를 교정하면서 전신 부작용도 막는 방법이다.

여성들이 갱년기를 겪을 때 반드시 살펴봐야 할 또 다른 문제는 바로 갱년기 우울증이다. 갱년기에 경험하는 폐경은 여성들에게 '이제 나는 여자로서는 끝났다'라는 상실감과 우울증을 유발할 수 있고 여성호르몬의 저하는 그 자체로 우울증의 위험 요인이 된다. 은미 씨도 심리평가에서 치료가 필요한 우울증이 있다는 진단이 나왔다.

우울증이라고 하면 기분이 처지고 눈물을 보이고 축 늘어져 있는 것만 생각하는데, 우울증 상태에서는 짜증과 분노, 충동성 증가로 인해 은미 씨처럼 화를 버럭버럭 내고 공격적인 모습을 보이기도 한다. 여성호르몬 감소로 인해 상대적으로 남성호르몬이 비율적으로 증가하면서 공격성과 거친 모습이 더 심해지기도 한다.

갱년기 우울증은 다른 우울증 치료와 마찬가지로 약물 치료와 면담 치료로 대부분 좋아질 수 있다. 주의해야 할 점은 우울증 치료제가 성기능에 악영향을 미치는 경우도 있다는 사실이다. 이런 부작용은 성욕을 더욱 저하시키거나 여성의 분비장애·오르가슴 장애 등을 유발할 수 있다. 하지만 이런 부작용이 있다고 해서 무턱대고 우울증 약을 복용하지 않거나 중단할 필요는 없다. 성기능 저하의 부작용이 적거나 성기능을 개선하는 효과가 있는 약을 쓰면 간단히 해결된다. 우울증과 동반된 성 문제로 부부 갈등이 심한 환자는 약물 선택에 더욱 신중을 기해야 하며, 우울증 치료와 성 치료가 동시에 가능한 전문가의 도움을 받아야 한다.

은미 씨는 적절한 호르몬 치료와 우울증 치료, 성 치료 등을 통해 증상이 눈에 띄게 좋아졌고 남편과의 관계도 다시 회복되었다. 치료를 받을 때 남편이 동행해 아내의 상태에 대해 설명을 들으면서 힘들어하는 아내를 이해하고 도와줄 수 있는 방법을 알게 된 것도 큰 도움이 되었다. 치료를 통해 부부간 의사소통이 개선되어 관계가 좋아진 건 덤이었다.

"갱년기가 오고 우울증이 생기면서 모든 게 막막해 보였는데, 이렇게 치료를 받으니 오히려 전화위복의 계기가 된 것 같아요. 이제 인생 후반전을 남편이랑 알콩달콩 잘 살아가야죠."

은미 씨가 마지막 치료를 받을 때 남긴 말이다.

갱년기 여성을 위한 팁

① 적절한 치료와 복식 호흡

갱년기 여성의 성기능 변화 중 가장 대표적인 게 분비 저하다. 호르몬 저하 때문에 생식기 주변부가 위축되고, 겨울에 세수하고 로션을 안 발랐을 때처럼 당기기도 한다. 엄살이 아니라 실제로 성기가 아픈 것이다. 그런데 아내들이 힘들어하면 간혹 어떤 남성들은 아내가 좋아서 그러는 것으로 알거나 그게 자연스러운 것이라 생각하는 경우가 있다. 아니면 그냥 윤활제만 사용하라고 하거나 막무가내로 참으라는 식으로 나오기도 한다. 하지만 분비 저하가 아내가 가지고 있는 갱년기 성기능상의 문제점이라는 사실을 알아야 한다.

갱년기에 대한 대처를 제대로 해주고, 필요한 경우 치료를 받으면 훨씬 더 좋아질 수 있다. 48세 이후에 아내가 분비 저하가 왔다면, 역시 갱년기의 현상으로 이해하고 이에 대한 치료적인 대처를 하는 것이 좋다. 호르몬 저하 말고도 질염이나 방광염이 동반되는 경우도 많은데 이 또한 생각보다 쉽게 해결할 수 있는 문제다. 무시하거나 포기하지 말고 적극적으로 치료하는 게 바람직하다.

그리고 복식호흡과 같은 이완요법도 통증을 완화시킬 수 있는 간단하지만 좋은 팁이다. 복식호흡은 요가를 할 때 기본으로 배우는 방법과 같다. 코로 숨을 들이쉬고 입으로 숨을 내쉬는데, 특히 내쉬는 숨을 최대한 길게 내쉬기만 해도 도움이 된다. 복식호흡을 하면서 숨을 '후~' 하고 내쉬는 순간을 잘 맞추면 통증이 크게 완화된다.

② 케겔 운동

진료실에서 자신이 불감증이라고 호소하는 여성들을 많이 만난다. 그러나 일단 진료를 해보면 오히려 남편이 서툴러서 오르가슴을 느끼지 못하는 경우가 많다. 반대로 '남편이 능력이 없어서 나를 만족시키지 못한다'고 하는 여성들 중에는 출산 중 회음부절개술 때문에 상처를 입거나 질 근육에 손상을 입은 것이 원인일 때가 있다. 이런 경우 질 근육을 강화하는 훈련을 하는 것이 해결 방법이다.

여성들은 나이 들면서 요실금 증상을 많이 경험한다. 출산 이후 소변이 샌다든지, 웃을 때 자신도 모르게 살짝 소변이 나오는 것 외에도 성관계 시 남편이 만족도가 떨어진다고 하거나 약간 바람 빠지는 소리가 난다고 하는 경우가 있다. 질 근육 자체가 손상을 입었기 때문에 그런 일이 생기는 것이다. 이럴 땐 큰 비용을 들이거나 병원을 찾지 않아도 질 근육을 단련할 수 있는 방법이 있는데, 그게 바로 케겔 운동이다. 여성 성기능에서 질 근육을 단련하는 건 너무나 중요하다.

과거에는 소변을 보다가 참는 형태로 케겔 운동을 하기도 했지만 그렇게 하면 요도염이나 방광염이 생길 수 있기에 별로 바람직하지 않다. 그냥 항문 괄약근 운동을 한다고 생각하면 된다. 조이고 10초, 풀고 10초, 이것을 하루에 30세트 정도 연속해서 하면 된다. 실제로 해보면 생각보다는 쉽지 않을 것이다. 초반에는 3초를 버티기도 어려울 수 있다. 처음부터 쉽게 할 수 있으면 뭐 하러 운동을 하겠는가. 3초가 4초 되고, 4초가 5초 될 때까지 해보자. 그렇게 한 달 정도만 해보면 누구나 잘할 수 있게 된다. 케겔 운동은 제대로만 하면 정말 효과적이다. 전철로 이동을 할 때든 잠깐 휴식을 취할 때든 아무 때나 할 수 있고, 서서 하든 누워서 하든 앉아서 하든 효과의 차이가 없는 것도 큰 장점이다.

"아이는 아이 방에서
따로 재우세요"

즐겨보는 건축·인테리어 케이블 TV 채널에서 일본의 주택 디자인을 소개하는 프로그램이 있다. 와타나베라는 일본 노배우가 직접 개인 주택을 방문해서 외관과 내부 인테리어를 돌아보고 집주인 부부가 차린 식사를 대접받는, 소박하지만 재미있는 프로그램이다. 거기서 눈여겨본 점이 부부의 침실인데, 일본의 젊은 부부들은 우리나라 부부들처럼 어린 자녀를 안방에서 같이 데리고 자는 경우가 많았다. 부부 침대 옆에 자녀용 아기 침대가 붙어 있거나, 아예 안방에 가득 차 있는 슈퍼 사이즈 침대를 온 가족이 같이 쓰기도 했다.

일본인들의 이런 생활 모습은 부부 또는 엄마가 아이를 데리고 자는 우리나라 문화와 비슷하다. 이런 습관이 세계 최고 수준을 자랑하는 우리나라와 일본의 섹스리스 커플 비율과 떼려야 뗄 수 없는 관련이 있는 건 아닌가 하는 생각이 든다. 연구에 따르면 미국을 비롯한 유럽 등 전 세계 국가에서는 일반적으로 결혼한 커플에서 나타나는 섹스리스 비율이 20퍼센트 정도로 집계된다. 그런데 그보다 유독 높은 나라가 둘 있으니 바로 일본과 우리나라다.

자녀의 탄생만큼 부부에게 큰 축복이 있을까? 아이는 부부간 사랑의 결실이자 결혼의 결속력을 강화시키는 중요한 역할을 한다. 속도 위반으로 부랴부랴 결혼 발표를 하는 연예인들의 모습을 봐도, 결별 위기의 부부가 아이를 임신하며 자연스레 위기를 넘기는 모습을 봐도, 자녀의 임신과 출산이 결혼에서 차지하는 의미와 구속력이 어느 정도인지 알 수 있다. 그러나 이렇게 중요한 자녀의 존재가 부부에게 심각한 위기 상황을 유발할 수도 있다.

자녀의 존재는 결혼 생활에서, 부부의 관계에서 중요한 의미를 지닌다. 때로는 자녀로 인해 결혼이 시작되기도 하고 자녀로 인한 의견 대립 때문에 부부 갈등이 심해져 결혼이 끝나기도 한다. 자녀는 부부 사이에서 중요하고 끈끈한 연결고리이기도 하지만 한편으로는 부부 사이에 끼어드는 방해자이기도 하다.

자녀는 복잡한 관계인 결혼을 한 차원 더 복잡한 단계로 만드는 존재다. 두 사람의 결합인 결혼이 단순한 둘만의 2차원적인 결합이 아니듯이 자녀의 탄생으로 인한 부부와 아이, 이 세 사람의 관계는 그보다 더 복잡한 4차원적인 결합이라 할 수 있다. 특히 우리나라와 같은 아시아 문화권에서는 자녀의 존재가 가족의 중심이 되는 경우가 많은데, 여기에는 장점도 있지만 문제점도 많다. 특히 부부 관계 자체를 놓고 봤을 때 너무 아이 중심으로 가다 보면 아이가 성장해 독립하거나 결혼을 해서 분리되고 난 다음에 부부 사이에 숨겨져 있던 갈등이 드러나 힘들어지는 경우가 많다.

편안함에 익숙해지면 부부 사이는 멀어져

열렬한 연애를 거쳐 결혼에 이른 K씨 부부는 오늘도 각방을 쓴다. 첫아이는 다섯 살, 둘째가 세 살인데, 아내는 밤마다 안방에서 아이들과 함께 잔다. 남편은 건넌방인 서재에서 혼자 잠든다. 그나마도 예민한 둘째가 잠이 깰까 봐 아이들이 잠들 시간에는 쥐죽은 듯 조용히 해야 했다.

한때 잉꼬부부였던 K씨 부부는 첫아이 출산 후 섹스리스에 빠졌다. 더 엄밀히 얘기하면 첫아이 임신 이후부터다. K씨가 외아들인 관계로 신혼 초부터 아내의 임신 여부는 양가 부모님에게 초미의 관심사였다. 결혼한 지 2년을 넘어서자 관심은 걱정이 되었고, 다그치는 부모님 등쌀에 아내의 배란일에 맞춰 성관계를 하며 임신을 서둘렀다. 매달 치르는 의식처럼 성관계를 하던 부부에게 첫 임신 소식은 기쁨 그 자체였고 양가는 잔칫집 분위기였다.

"바라던 임신이 되고 나니 안심이 되면서도 배 속 아이가 다치지 않게 조심해야 한다는 생각이 들어 아예 성관계를 가질 엄두도 내지 못했어요. 입덧에 몸이 무거워진 아내한테 못할 짓이라는 생각도 들었고요."

임신 기간 내내 지속된 섹스리스 상태는 아내가 출산한 이후에도 지속되었다. 특히 아내가 모유 수유를 하면서 밤낮으로 아이와 붙어 지내고, 육아에 지쳐 아이가 잠들 때 같이 잠들면서 자연스레 아이를 데리고 한방에서 자기 시작했다. 간만에 큰맘 먹고 아내를 깨우면 피곤한 아내는 짜증을 내며 타박을 주기 일쑤였다.

남편은 남편대로 귀가가 늦어졌다. 첫아이 임신 이후 가장으로서의 책임감이 무거워진 K씨는 회사에서 더 열심히 일하기 시작했다. 야근도 마다하지 않고 상사 비위도 잘 맞추려고 회식도 열성적으로 따라다녔다. 퇴근이 늦은 남편과 육아에 지친 아내는 서로 말 한마디도 못 하고 잘 때도 있었다. 특히 다투고 난 뒤면 이를 핑계로 어김없이 곯아떨어졌다. 남편이 늦을수록 아내는 아이와 더 가까워지고, 딱 붙어 있는 아내와 아이 사이에 남편이 비집고 들어갈 틈은 없었다. 눈에 넣어도 아프지 않은 아이지만 아내의 애정이 온통 아이에게 쏠리는 것 같아 남편은 질투 아닌 질투를 느끼기도 했다.

첫아이가 두 살이 되어 한숨 돌릴 무렵 오랜만에 부부가 합방을 했는데 덜컥 둘째가 임신이 되었다. 그리고 첫아이를 임신했을 때처럼 섹스리스를 비롯한 그 모든 것이 되풀이되었다. 아니 한술 더 떠서 이제는 아내가 넓은 안방에서 아이들과 같이 생활하고 남편은 서재로 쫓겨났다. 먼저 잠든 아내와 아이들을 두고 밤늦게 심심하고 외로운 남편은 인터넷서핑에 영화를 다운받아 보면서 서재에서 혼자만의 시간을 보냈다. 그렇게 이들 부부의 섹스리스는 깊어져만 갔다.

부부가 섹스리스로 빠지는 중요한 분기점이 임신과 출산이다. 우리 부부의 스승이자 킨제이연구소장이었던 밴크로프트 박사는 자신의 연구에서 부부의 성생활을 저해하는 주요소로 '제삼자의 유무'를 강조했다. 여기서 제삼자란 함께 사는 부모·형제뿐 아니라 부부에게 너무도 소중한 아이도 포함된다. 방해되는 존재가 가까이 있으면, 부부는 심리적인 위축감과 노출 불안으로 성관계를 꺼리게 된다.

부모와 따로 자는 게 아이에게도 좋다

핵가족이 일반적인 요즘은 무엇보다 아이와 적절히 분리되지 못해 부부 관계가 위축되는 일이 잦다. 그런 부부에게 아이를 부부모다 '일찍' 그리고 '따로' 재울 것을 권한다.

"부부 관계 개선을 위해서라지만 안 떨어지려는 아이를 내치는 것 같아 영 내키지 않아요."

K씨 부부도 아이를 따로 재우라는 권유에 처음엔 거부감을 보이고 망설였다. 아이와 함께할 시간이 부족하기 때문에 퇴근 후 밤늦게까지 아이와 놀아줘야 애정이 보충되고 부모로서 도리를 하는 것이라 생각했다. 하지만 사실 이는 부모 마음이 편하기 위한 것이지 아이에게는 별 도움이 되지 못한다.

아이를 일찍, 따로 재우라는 가장 중요한 이유는 바로 아이를 위해서다. 무럭무럭 자라야 할 아이들은 성장호르몬이 가장 활발히 분비되는 밤 10시부터 새벽 2시 사이의 수면이 반드시 필요하다. 또 숙면 자체가 뇌의 성장 발육에 큰 도움이 된다. 아이가 먼저 잠들어도 밤늦게까지 TV를 보고 생활하는 부모 곁에선 수면의 깊이가 얕을 수밖에 없다.

또 다른 이유는 아이의 정서적 독립과 심리적 건강 때문이다. 적절한 시기부터는 아이가 자신의 공간을 갖고 부모로부터 적당한 거리를 두는 게 낫다. 또래 사이의 갈등에 부모의 도움만 갈구하고, 결혼한 뒤에도 부모를 찾는다면 미성숙한 것이다. 아이의 정서적 독립은 젖먹이 시절이 끝나면서 점차 단계적으로 습득돼야 한다. 만 3세부터는 아이 방에서 따로 재우기 시작해도 무리가 없으며, 아이가 만 5세가 되기 전에는 그렇게 하는 것이 좋다. 아이가 자기 방에서 혼자 자는 법을 익히는 것은 스스로 불안을 감당하는 능력을 키우는 일이기도 하다.

마지막 이유는 부부 생활을 보호하기 위해서다. 아이가 따로 잠든 밤 10시 이후의 시간은 부부에게 심리적·육체적 여유를 준다. 이때 지친 하루를 보낸 부부가 휴식하며 각자의 고충을 나누고 분위기가 무르익으면 방해 요소 없이 둘만의 애정을 나눌 수 있다.

위의 사례에서 보듯이 자녀는 부부 관계에 부정적 영향을 미칠 수 있다. 소중한 아이지만 부모·자녀 사이에 적절한 경계선을 긋는 것이 현명하며, 가족 구성원 간의 건강한 '분리'는 아이의 정서 발달에도 중요하다. 그 경계선이 모호하고 뒤엉키면 아이의 독립성은 훼손되고 지나친 의존성을 초래할 수 있다.

K씨 부부도 아내가 아이들을 자녀 방에 재우고 안방으로 돌아오는 적응 기간을 거쳐 아이들을 자녀 방에 따로 재우면서 의외로 아이들이 잘 적응하는 모습에 안심했다. 부부도 안방에서 둘만의 시간을 갖게 되면서 섹스리스에서도 탈출하고 삶의 질도 높아졌다며 만족해했다.

부부의 성생활을 아이 때문에 피할 수는 없다. 부부와 아이 모두를 보호할 안전장치를 두면 된다. 너무 어려서 꼭 데리고 자야 한다면 성행위 때만큼은 잠시 아이를 침실 밖으로 옮겨야 한다.

아이가 밤중에 불쑥 문을 열고 들어올 나이라면 성행위 중에는 과감히 방문을 잠그는 게 올바른 부모의 모습이다.

"엄마·아빠, 방문 잠그고 뭐했어?"라고 묻는 아이의 천진난만한 질문에 너무 부끄러워할 필요는 없다. 오히려 엄마·아빠 사이엔 아름다운 비밀이 있고 그 사랑의 결실로 자신이 태어났다는 걸 인지하는 것은 자녀의 자존감에 도움이 된다. 그리고 여전히 엄마·아빠가 서로 사랑하고 있다는 은근한 암시는 아이에게 성의 고귀함과 결혼 생활에서 바람직한 부부의 모습을 가르치는 좋은 기회가 될 수 있다.

진정 아이를 사랑한다면 자신이 서로 사랑하는 엄마·아빠 사이에서 행복한 사랑의 결실로 태어난 소중한 존재라는 인식을 심어주어야 한다. 가족 관계의 근원이 되는 부부의 사랑을 공고히 하는 것이 그 무엇보다 중요한 일임을 잊지 말았으면 좋겠다.

········· 더 사랑하고 싶은 당신에게 ·········

엄마 같기만 한 아내에겐 끌리지 않는다

임신·출산 이후에 남편의 성욕이 떨어지는 경우가 많다. 이때 아내는 그 이유가 단순히 자신이 살이 쪄서, 몸매가 예전 같지 않아서라고 생각한다. 하지만 그보다는 남편이 자신의 아내가 엄마가 되는 모습을 보면서 무의식적으로 엄마의 이미지를 떠올리는 게 문제일 수도 있다. 마돈나 신드롬이라는 용어가 있는데, 마돈나는 '나의 어머니'라는 뜻이다. 곧 내 아내에게 엄마의 이미지가 겹쳐지면서 성욕이 떨어지는 것이다.

부부 관계에서 아내는 때로 다정한 연인이나 친구이기도 하고, 어떨 때는 여동생 같기도 하고, 또 어떨 때는 엄마 역할을 하기도 한다. 남편 입장에서는 어렸을 때 엄마가 해주던 청소, 빨래와 같은 일을 아내가 대신 해주는 것으로 생각할 수 있다. 은연중에 엄마 역할이 아내 역할에 포함되어 있는 것이다.

여기서 핵심은 엄마 같은 아내가 되지 말자는 게 아니라 '엄마 같기만 한' 아내가 되지 말자는 것이다. 아내에게 엄마 이미지가 많이 들어가 있거나, 혹은 과거 자신의 엄마가 한 것 같은 지속적인 간섭이나 개입이 있다면 남성들은 배우자인 아내와의 관계에서 과거 어머니와 아들로 느꼈던 감정을 재경험하게 된다. 이런 감정은 무의식적으로 아내를 어머니와 동일시하게 만들고 성적으로는 아내에게 거부감을 느끼게 한다.

이렇듯 남편이 자신의 아내에게서 모성 본능을 크게 느끼면 성적 욕구가 줄 수 있다. 유명한 로큰롤 가수인 엘비스 프레슬리가 대표적인 예다. 실제로 엘비스가 굉장히 젊고 예쁜 여자와 결혼을 했는데, 아내가 임신한 이후로 완전히 섹스리스였다. 엘비스는 여전히 아내를 사랑하지만 이상하게 성욕이 생기지 않는다고 고백했다고 한다. 그는 엄청나게 바람을 피웠고 그로 인해 결국 이혼을 했다. 이혼하고 얼마 안 된 시점에서 엘비스는 갑자기 약물중독으로 사망했는데 나중에 알고 보니 그가 엄마와 굉장히 가까운 관계였다고 한다. 가수가 된 이유도 엄마 때문이고, 결혼도 엄마가 세상을 떠난 직후에 했던 것이다. 그가 죽은 시점도 엄마 같던 아내와 이혼한 직후였다는 사실 또한 의미심장하다. 우리 주변에도 엘비스와 같이 마돈나 신드롬을 가진 남성들이 은근히 많다.

술의 힘으로 해결하려다
술 로 망 가 진 다

"잘 몰라서 그러나 본데 저처럼 사업하는 남자들은 술을 안 마시면 일을 할 수가 없어요."

남편의 습관적인 음주와 외도를 참다 못해 이혼을 고민하는 결혼 10년 차 아내와, 이혼 전에 여한이라도 없게 마지막으로 치료를 받아보자는 아내의 권유로 자의반 타의반 병원을 찾게 된 남편 동욱 씨.

눈물로 그간의 고통을 호소하는 아내 옆에서 꿔다 놓은 보릿자루처럼 앉아 시종 잔뜩 찌푸린 얼굴을 하고 있던 동욱 씨는 왜 술을 자주 마시느냐는 질문에 마지못해 퉁명스럽게 대답했다.

그는 마치 피고인 진술을 하듯 자신의 어쩔 수 없는 상황을 장황하게 설명했다. 내성적이고 소심한 성격의 동욱 씨는 자수성가

한 강한 성격의 아버지 밑에서 말썽 한 번 부린 적 없는 착한 아들로 성장했다. 대학 시절부터 마시기 시작한 술은 수줍은 성격의 동욱 씨가 기분이 울적하거나 불안할 때 마음을 달래주고 기분을 좋게 만드는 효과를 주는 듯했고, 마찬가지로 술을 즐겨마시던 아버지는 '남자는 술도 좀 마실 줄 알아야 한다'면서 오히려 아들의 음주를 격려했다.

폭음을 일삼던 아버지가 심장마비로 갑자기 사망하자 젊은 아들은 아버지의 사업체를 물려받아 경영을 시작했는데, 수줍은 성격에 회사를 경영하자니 스트레스도 많고 사업차 접대 자리도 늘어 술 마시는 양과 횟수는 점점 더 늘어났다. 설상가상으로 우리나라의 잘못된 음주문화인 술자리와 자연스레 이어지는 성매매 기회들은 동욱 씨에게 습관성 성매매 문제까지 키웠고 이는 아내와의 성생활에도 악영향을 미쳤다.

맞선으로 만난 아내와 초고속으로 결혼을 한 이후 술을 마시지 않은 맨 정신으로는 성관계를 한 번도 가진 적이 없다는 동욱 씨. 왜 그는 꼭 술을 마셔야만 성관계를 할 수 있었을까? 자세한 문진 끝에 동욱 씨가 사실 20대부터 심한 조루 증상이 있었다는 것을 알 수 있었다. 지나친 긴장이나 불안으로 인해 조루가 있거나 심인성 발기 문제가 있는 남성들이 술을 마시고 성관계를 시도하는 경우가 꽤 많다. 실제로 가벼운 음주는 성적 억제와 긴장의 완화,

혈액순환의 증가로 성기능에 일시적으로 긍정적인 효과를 주기도 한다. 그래서 동욱 씨처럼 심한 조루가 있는 환자들은 음주 시에 술이 중추신경 억제제로 작용해서 조루의 주원인인 사정중추의 과민반응을 일시 억제해 사정 시간이 길어지는 나름의 효과를 보기도 하므로 성관계 전에 필수적으로 술을 마시곤 하는 것이다.

지나친 긴장과 실패에 대한 두려움으로 수행불안이 생긴 심인성 발기부전도 상황은 마찬가지인데, 술이 일종의 진정제로 작용해 긴장과 불안을 완화시키는 역할을 하기도 한다. 성적으로 지나치게 보수적이고 억제가 많은 경우, 내성적이고 예민한 성격의 남성들에게도 술은 마찬가지로 긴장을 풀어주고 수줍음을 완화시키는 역할을 한다.

남성성에 해를 끼치는 술

그러나 이처럼 술이 때로는 약간의 도움이 되는 측면이 있다손 치더라도 결과적으로 술이 성기능에 끼치는 영향은 득보다 실이 더 크다. 술로 성기능의 문제를 해결하려는 노력은 빈대 잡으려다 초가삼간 태우는 격이라 할 수 있다. 음주는 간에도 손상을 주지만, 뇌와 고환에 더 큰 악영향을 준다. 기본적으로 술은 중추신경을 억제해 여러 가지 뇌 손상을 일으키며 장기적으로 알코올성 치매의 위험을 높인다. 또한 남성호르몬을 억제하는 여성호르몬을 상승시켜 성욕 저하 및 성기능의 억제 현상이 나타난다. 알코올의 분해산물인 아세트알데히드라는 독성물질은 고환 세포의 파괴를 일으켜 정자와 남성호르몬의 생산을 떨어뜨린다. 그 여파로 발기부전, 성욕 저하, 정액량 감소, 사정기능 퇴화라는 무시무시한 결과를 초래할 수 있다.

20~30대에 성기능상의 문제를 미봉책인 술로 자체적으로 해결해보려던 수많은 남성들이, 40대에 접어든 이후에 알코올로 인한 성기능의 손상에 갱년기까지 겹치면서 더 심각한 문제가 생기는 경우를 수없이 보았다. 마찬가지로 젊을 때 성기능이 괜찮던 만성 알코올 중독자들이 결국 간뿐 아니라 성기능 저하나 부부간 성 문제, 불임으로 고생하는 것도 많이 보았다. 과도한 음주는 복부비만과 혈류순환 장애를 일으키는 고지혈증·당뇨 등과 상당한 연관성이 있어 발기력에 꼭 필요한 혈관기능에도 치명타가 된다.

더욱이 술자리가 잦을수록 외도의 위험은 더 높아지기 마련이고, 그 상대가 일회성의 직업여성들인 경우가 많으니 더더욱 위험천만하다. 동욱 씨처럼 상습적인 음주와 외도로 부부 관계에 심각한 위기가 오는 것 자체도 문제인데, 직업여성들에게 성병을 옮아와 애꿎은 아내에게 옮겨서 고통받게 하는 건 또 뭐란 말인가? 그럼에도 불구하고 '남자가 술 마시고 그럴 수도 있는 거지'라고 자기 합리화를 하는 행태는 비난받아 마땅하다. 동욱 씨 아내의 경우 반복적인 질염과 방광염, 자궁경부암을 유발하는 인유두종 바이러스 감염이 있었는데 사실 이는 남편이 외도하며 옮아온 성병균 때문이었다.

이를 언급하자 남편은 화들짝 놀라며 그제야 자신의 무분별한 행동이 아내에게 직접적으로 어떤 피해를 주는지 깨닫기 시작했다. 지금은 치료를 받으며 술도 줄이고 자신의 성 문제, 감정적 문제 등을 받아들이기 시작한 동욱 씨의 경우는 그래도 해피엔딩이라 다행이었다. 하지만 아직도 수많은 한국의 남성들이 스스로 절대 인정하지 않는 알코올 의존증의 늪에 빠져 자기 자신뿐 아니라 배우자와의 결혼 생활마저 망치고 있다.

아일랜드, 러시아와 더불어 우리나라는 알코올 의존증의 유병률이 상당히 높다. 여기에는 술에 대해 허용적인 사회적 인식이 크게 한몫한다. 알코올 의존증 환자를 정신적으로 문제가 있거나 자기 관리에 실패한 사람으로 보는 외국의 인식과는 달리 우리는 술에 너무 관대하다. 심지어 술을 잘 마시는 게 인간관계를 잘하는 능력처럼 평가받기도 하니 어이가 없다. 이러한 인식은 사회적으로 취약한 저학력, 저소득층뿐 아니라 고학력의 사회지도층을 포함해 사회 전반에 만연해 있는 것 같다.

알코올 중독증 환자들이 정기적으로 만나 금주에 대한 의지를 강화하고 서로 격려하는 모임을 AA^{Alcoholics Anonymous}라고 하는데 원래는 병원이나 치료 센터, 교회 등 커뮤니티 센터 같은 곳에서 모임을 가진다. 그런데 우리나라는 상당수의 알코올 중독자들이 좀 다른 성격의 AA모임을 룸살롱이나 술집에서 하는 것 같다. 다 같이 둘러앉아 금주를 격려하는 게 아니라 '마시고 같이 죽자', '이건 병이 아니다'라며 서로 격려하고 면죄부를 주는 모임들을 하는 것 같아 참으로 안타깝다.

알코올중독은 서서히 진행시키는 자살이란 말이 있다. 지나친 음주는 당사자와 배우자, 나아가 가족 전체의 삶 전반에 크나큰 고통과 상처를 남긴다는 사실을 명심해야 한다.

········· 더 사랑하고 싶은 당신에게 ·········

이럴 땐 병원 문을 두드려보자

부부 갈등을 해소하는 이론적인 방법을 모르는 사람은 거의 없을 것이다. 서로 배려하고 타협해서 대화로 잘 해결하라는 대전제를 모르는 사람이 있을까? 결혼한 부부 중에 이런 노력을 안 해본 사람은 거의 없을 것이다. 한데 그렇게 서로 노력을 하는데도 이상하게 갈등은 잘 나아지지 않는다. 이론과 실제가 달라서 그런 걸까? 아니면 노력이 부족해서?

내가 원하는 곳에 빨리 도달하기 위해서는 열심히 달릴 필요도 있지만 어느 쪽으로 뛰어야 할지 방향을 잘 잡고 가는 것이 더 중요하다. 노력한다며 냅다 뛰지만 엉뚱한 곳으로 간다면 얼마나 허무한 일인가? 병원과 치료자의 역할은 방향을 잘 잡을 수 있도록 안내하고 중간에 지치지 않도록 격려하며 목적지까지 이끌어가는 것이다. 다음과 같은 경우엔 병원을 찾는 것이 도움이 될 수 있다.

① 갈등이 있지만 원인을 잘 모르는 경우

이상하게 자꾸 사소한 일로 다투면서 부부 사이는 점점 나빠지는데, 왜 이런 별것 아닌 일로 다투게 되는 건지 스스로도 납득이 되지 않고 원인을 모르겠다면 전문가를 찾아 갈등의 원인을 분석해볼 필요가 있다. 때로는 나나 우리의 문제가 스스로에겐 잘 보이지 않을 때가 있다. 마치 우리 뒤통수를 우리가 잘 보지 못하는 것과 같은 맹점이 있는 것이다. 이런 경우 전문가인 제삼자의 시선을 통해 자신과 부부의 문제를 객관적으로 보고 원인을 찾아 갈등 해결의 실마리를 찾는 것이 무엇보다 중요하다.

② 상대방과 말이 전혀 통하지 않는 경우

말이 전혀 통하지 않는 경우에는 갈등이 해결될 수 없다. 말이 통하지 않는다는 것은 반드시 논리적으로 따져서 앞뒤가 안 맞는다는 의미가 아니다. 말이 통하느냐 그렇지 않느냐의 문제는 상대방의 말이나 요구를 감정적으로 공감하고 받아들일 수 있느냐 아니냐의 문제인 경우가 더 많다. 부부는 지극히 감정적인 관계다. 애당초 상대방에게 이성으로서 호감을 느끼는지 여부는 감정의 문제지 논리의 문제가 아니다. 부부간에 서로 뒤얽힌 감정을 하나하나 잘 풀어내려면 부부 사이에 선 중재자가 있어야 하고 그 역할을 할 객관적인 치료자가 필요하다.

③ 같은 갈등이 반복되거나 오래가는 경우

사소한 갈등이지만 그 갈등이 계속 반복된다면 거기에는 분명히 근원적인 다른 이유가 숨어 있다. 하지만 당사자들에게는 표면적인 문제만 보이므로 거기에만 초점을 맞춰 다투거나 해결하려고 하게 된다. 그러나 근본적인 원인이 교정되기 전까지 갈등은 반복될 수밖에 없다. 또한 갈등이 오래가는 경우도 치료적인 개입이 필요한데, 사소한 갈등이라 해도 너무 오래 지속되다 보면 서로에 대한 감정이 나빠져서 갈등 자체보다도 깊어진 감정적 대립이 더 큰 문제가 되어 부부 사이가 회복하기 힘들어지기 때문이다.

④ 알코올중독, 가정 폭력 등의 문제가 동반되는 경우

우리나라처럼 음주에 관대한 나라가 드물다. 그래서 알코올 의존증 환자도 엄청나게 많다. 알코올 의존증으로 인해 생기는 대표적인 후유증이 부부, 가족 내 갈등이다. 단순히 술을 좀 좋아하는 것뿐이라든지, 인간관계를 위해서 어쩔 수 없다는 건 핑계에 불과하다. 알코올 의존증도 질환이며 치료가 필요하다. 가정 폭력의 경우도 알코올 문제와 관련된 경우가 대다수이고, 그렇지 않다고 하더라도 대부분 가해자의 충동조절장애나 성격장애, 조울병 등 정신질환과 관련되어 있다. 가정 폭력은 공권력이나 주변의 도움 등 폭력으로부터 피해자를 보호하는 장치가 최우선이며, 이후에 가해자에 대한 평가와 진단 및 치료가 동반되어야 한다.

⑤ 성기능장애가 있는 경우

부부의 성생활은 지극히 사적인 부부간의 일이므로 아무리 치료자라 해도 다른 사람이 개입하는 것을 싫어하는 커플들이 많다. 그러나 발기부전이나 성교통 같은 성기능장애는 당사자가 그저 노력한다고 해결될 일이 아니다. 다른 질환들이 치료가 필요한 것과 같은 이치다. 특히 심리적인 요인으로 문제가 있는 경우에는 마음을 편히 가지라는 어설픈 조언으로 당사자를 이중으로 힘들게 하기도 한다. 병원에 오면 짧은 시간 안에 금세 해결될 일을 몇 년간 벙어리 냉가슴 앓듯 혼자 끙끙대며 고통받거나 병을 더 키우는 사례들을 많이 본다. 부부의 성생활은 부부의 사생활이지만 부부의 성기능장애는 의사가 치료할 질환이다.

⑥ 이혼 위기에 처해 있는 경우

부부가 다양한 이유로 인한 갈등 끝에 이혼의 위기에 처해 있다면, 이혼을 결정하기 전에 반드시 만나봐야 할 사람들이 있다. 바로 변호사와 부부 치료 전문가다.

결혼을 하기 전에는 당연히 이 결혼이 괜찮은 선택인지 상대방의 장점과 단점에 대해 치밀하게 따져보기 마련이다. 그런데 이혼을 할 때는 그보다 더 치밀하게 이혼이 과연 옳은 선택인지 이혼의 장점과 단점에 대해 생각해봐야 한다.

하지만 이미 감정적으로 틀어진 상태라서 이혼까지 결정한 상황이라면 객관적으로 자신과 배우자, 그리고 두 사람의 관계에 대해 평가하고 판단하기가 지극히 어렵다. 이런 상황에서는 법적인 자문을 할 변호사와 더불어 부부 치료 전문가에게 도움을 받아보는 게 그 무엇보다도 절실하다. 감정으로 뒤엉킨 부부의 갈등과 위기 상황은 치료자의 중재로 해결될 가능성이 높다.

갈등에 대한 일종의 해결 방법으로 이혼을 선택하는 경우, 이혼 이후 겪는 여러 가지 어려움으로 인해 나중에 이혼을 후회하는 일이 많다. 그러므로 감정적으로 이혼을 결심하는 것은 바람직하지 않다. 이혼하기 전에 각자가 할 수 있는 최선을 다해봐야 후회나 여한이 없다. 최선의 노력에도 불구하고 갈등이 해소되지 않는다면 그때 가서 이혼을 결정해도 늦지 않다.

늦바람에 빠진 남편이
착각하고 있는 것들

　우리나라를 대표하는 세계적인 명감독과 톱 여배우의 불륜 스캔들로 인해 온 나라가 떠들썩했던 적이 있다. 젊고 예쁜 여배우가 아버지뻘 나이의 남성과 연애를, 그것도 도덕적으로 문제가 되는 불륜을 한다는 점에서 사람들은 충격을 받았고, 그 당사자들은 사회적으로 엄청난 비난을 받았다.

　사실 중년 이후의 남성이 젊은 여성과 새로운 사랑에 빠지는 외도는 그리 드문 일이 아니다. 아니, 외도 문제로 진료실에서 만나는 부부의 반 이상이 이 연령대에 해당한다. 재호 씨 부부가 진료실을 찾은 이유도 바로 그 늦바람 문제 때문이었다.

　"다시 한 번 내 존재를 확인하고 싶었던 것 같습니다."

　은발이 잘 어울리는 50대의 재호 씨는 기어들어가는 목소리로 조용조용 자신의 외도 이유를 설명했다. 함께 온 그의 아내 명희 씨는 눈물을 흘리며 분노했다.

"당신이 저지른 일이 뭘 의미하는지 알아? 우리가 그간 같이 쌓아올린 공든 탑이 하루아침에 무너져버린 거라고!"

재호 씨는 전형적인 엘리트 과정을 거쳐 경제적으로나 사회적으로 성공한 인물이다. 나름 뼈대 있는 가문이지만 경제적으로 무능한 아버지 때문에 힘들고 팍팍했던 그의 삶에 한 줄기 빛 같은 존재가 바로 아내였다. 아내는 재호 씨 친구의 동생이었다. 가난한 대학생 시절에 친구 집에 들러 밥도 얻어먹고 친구 가족의 따뜻한 환대를 받을 때마다 재호 씨는 더할 나위 없이 큰 위로를 받았다. 오빠 친구와 친구 여동생 사이로 자주 보면서 정이 든 두 사람은 연애를 시작하게 되었다. 그런데 가난한 집안 출신 재호 씨를 아들 친구로는 환대했지만 사윗감으로는 탐탁지 않게 여기던 장인·장모는 두 사람의 교제를 반기지 않았다.

그렇지만 당찬 성격의 명희 씨는 부모님의 반대로 주저하는 재호 씨를 적극적으로 감싸며 결혼을 강행했고, 어렵게 시작한 신혼 때부터 힘들다는 불평 없이 알뜰하게 살림을 꾸려갔다. 재호 씨도 그런 아내의 모습에 힘을 얻어 힘든 일과 야근을 자처하며 회사 일에 매진했다. 명희 씨는 재호 씨의 외모와 패션 관리부터 회사 내 인간관계에 대한 조언을 아끼지 않으며 명절 때마다 남편 상사의 인사치레를 챙기는 등 매니저 역할까지 하면서 내조에 힘을 쏟았다. 이들 부부의 노력이 빛을 발해 재호 씨는 회사에서 승승장구 승진을 해 남들이 부러워하는 위치에까지 올랐고 50대에 접어들자 여유가 생기기 시작했다. 그리고 그 즈음부터 환상의 팀워크였던 부부 사이에서 예상치 못한 균열이 나타나기 시작했다.

이제 삶은 윤택하고 여유가 생겼지만 재호 씨의 체력도 성기능도 예전 같지는 않았고 회사 위주, 자녀 위주로 부부의 삶이 맞추어져 있어 부부 사이에 뭔가 소원해진 느낌이 들었다. 그 무렵 재호 씨는 비슷한 처지의 친구들로부터 젊은 여성을 소개받았다. 아내와 달리 풋풋한 젊은 여성에게서 새로운 매력을 느낀 재호 씨는 그 위험하고 스릴 넘치는 관계에서 다시금 활력을 되찾은 것같았다.

"외도는 물론 제 잘못이고, 아내에겐 정말 미안합니다. 변명 같지만 제 지위가 올라가니 주변에서 워낙 이런저런 유혹도 많은 데다, 아내 앞에서는 시원찮은 발기가 외도 상대와 관계를 할 땐 그래도 좀 나으니까 저도 그만 선을 넘어버렸습니다. 바쁘게만 살아오다 어느덧 뒤를 돌아보니 이젠 젊음도 가고 내 인생이 저물어가고 있더라고요. 이대로 사그라지며 끝나버릴 것 같은 아쉬움과 공허감에 힘들기도 했고요."

재호 씨의 경우처럼 외도 상대인 새로운 여성으로부터 받은 신선함에 성기능이 개선된 것처럼 착각하는 남성들이 참 많다. 젊은 기운을 받아 '회춘'했다고 기뻐할지 모르지만, 혼외정사에서 평소보다 강렬한 반응이 오는 것은 새로운 자극에 따른 일시적인 현상일 뿐이다.

여러 가지 원인으로 자신의 성기능에 노화가 오거나 문제가 생긴 것은 내버려둔 채 강한 자극과 심리적 흥분의 상승만으로 성기능의 근본적인 개선을 기대하는 것은 무리수다. 이런 노력은 지속적인 성기능의 회복이나 소위 말하는 회춘에 별 도움이 되지 않는다.

사실 재호 씨의 뜻하지 않은 외도에는 남성 갱년기로 유발된 발기부전과 성욕 저하 등 성기능의 문제가 근본 원인이었다. 갱년기에 따른 남성호르몬 저하로 성기능이 극도로 위축돼 평범한 부부생활에서는 발기와 같은 성 흥분 반응이 제대로 일어나지 않았고 재호 씨는 이런 변화를 일종의 위기 상황으로 인식해 불안해졌다. 정말 문제가 생긴 게 맞는지 확인하고 싶어진 재호 씨가 술자리에서 친구들에게 부끄럼을 무릅쓰고 조언을 구했더니 "원래 나이 들고 매력이 떨어진 마누라한텐 잘 안 되는 게 당연하지"라는 답변이 돌아왔다.

덩달아 "내가 애인 하나 소개시켜줄 테니 잘해보라"면서 나서는 친구도 있었다. 남들도 다 애인이 있는데 아직도 숙맥같이 와이프에게 잡혀 사느냐는 친구의 말에 약이 오르기도 하고 정말 자신의 성기능이 괜찮은지 확인해보고 싶은 마음에 그는 젊은 여자를 소개받았다.

남성 갱년기가 찾아오는 40대 중반 이후엔 대부분의 남성이 전반적으로 성기능이 떨어진다. 남성 갱년기에 접어들면 성욕이 확 줄고, 가벼운 자극에는 발기도 잘 안 된다. 발기가 되더라도 유지가 잘되지 않아 중간에 발기가 꺼지거나 예전처럼 사정할 때 폭발적인 쾌감도 없고, 정액량도 극도로 감소한다. 이런 성기능 저하는 남성호르몬의 저하에 따라 심신의 기능이 떨어진 데 원인이 있다. 갱년기엔 에너지가 감퇴하고 저녁 식사 후 심하게 졸리기도 한다. 남성호르몬이 부족해 심리적으로 위축되고 무기력증, 우울증도 생긴다. 공허한 마음이 들고 자신의 존재 가치를 찾으려는 경향이 강해지며 아내와 성생활이 힘들면 외부에서라도 이를 충족하려고 할 가능성도 높아진다.

예전부터 있어 온 '로맨스 그레이'나 '늦바람이 허리케인'이란 말은 사실 남성 갱년기를 다르게 표현한 것이라 해도 과언이 아니다. 외도 문제로 병원을 찾는 수많은 중년 내지 노년의 부부 중 상당수가 이 남성 갱년기로 인한 남편의 성기능 저하 문제를 갖고 있다.

진짜 원인은 따로 있다

그런데 이러한 남편의 남성호르몬 저하를 개선하기 위해 호르몬 치료를 하려고 하면 아내가 놀라 반대하는 경우가 많다.

"아니 있는 호르몬을 더 떨어뜨려 아예 성욕을 없애버려도 시원치 않을 판에 호르몬을 더 끌어올리면 어떡하나요? 그럼 바람을 더 피우지 않겠어요?"

걱정하는 이유가 이해는 가지만 실은 그 반대다. 남성호르몬이 안정되면서 아내와의 관계에서 발기능이 돌아오고 성욕과 감정적인 불안정도 회복되면서 오히려 외도의 가능성은 떨어진다. 굳이 남성 갱년기가 아니라 해도 외도를 하는 남성에서 남성호르몬이 떨어져 있는 경우가 더 많다는 사실은 여러 연구에서 확인되었다. 남성 갱년기에 외도를 하는 중년 남성들은 남성호르몬이 떨어져 부실해진 성기능을 외부에서 더 강한 자극을 줘서라도 억지로 되살려보려는 눈물겨운 사투를 벌이고 있는 셈이다.

그런데 이 눈물겨운 노력은 가정의 붕괴라는 최악의 결과를 초래할 때가 많다. 재호 씨도 외도가 발각되고 성난 아내에게 쫓겨나 원룸 오피스텔에서 석 달을 전전긍긍하며 고생했다. 30년 넘도록 아내가 해주던 온갖 내조가 사라지니 이건 사는 게 아니었다. 독거노인이 외롭고 서글프다는 걸 절감한 재호 씨는 스스로 병원을 수소문했고 아내에게 빌고 빌어 함께 내원한 것이다.

다행히 재호 씨는 병원에 와서 근본 원인을 찾고 부부 문제도 해결했지만 이런 식으로 외도나 성매매에 빠지는 갱년기 남성들 상당수는 그저 자신이 사랑에 빠진 것이라 착각하거나 한순간의 방황 정도로만 생각한다. 모든 문제가 자신에게 있다는 사실을 뒤늦게 깨닫고 집으로 돌아와도 이미 그의 가정은 허리케인이 휩쓸고 가고, 치료 시기도 놓친 뒤다.

이런 갱년기에는 어떻게 대처해야 할까? 배우자와 함께 문제를 해결하는 것이 가장 훌륭한 방법이다. 부부간에 나이 차가 그리 심하지 않다면 상대 배우자도 마찬가지로 갱년기일 것이다. 나만의 문제가 아니라 '우리 부부'가 함께 겪는 문제라는 인식이 필요하다. 함께 겪는 동료가 있으니 외롭지도 않고 서로의 아픔과 공허감을 잘 이해해줄 수 있다. 이는 갱년기가 되기 전까지 부부 사이에 얼마나 친밀감을 쌓아왔는지의 여부에 따라 달라질 수 있다.

회춘은 젊은 이성을 만나 기운을 뺏어오거나 정력 음식으로 이뤄지는 게 아니다. 그런 반짝 효과는 신기루일 뿐이다. 이보다는 쇠퇴하고 있는 심신의 원인을 찾고 그 원인을 개선하고 보충하는 게 올바른 회춘이다. 자신의 오랜 정원에서 정성 들여 꽃을 가꿔야지, 벼랑 끝에 핀 화려한 꽃을 쫓다가는 회춘이 아니라 일장춘몽에 무시무시한 대가를 치르는 불행을 자초하게 된다.

외도 위험성 척도

강동우성의학연구소는 과거에 학술적으로 자주 거론된 각종 외도 위험 및 '2016년 한국 남녀의 성생활 조사'를 통해 확인된 각종 외도 위험 요소를 통합해 한국인 실정에 맞는 외도 위험성 척도 Kang & Baek's ExtraMarital Affair Scale, 2016를 제시했다.

다음의 질문에 '예' 또는 '아니오'로 답해보자. 각 항목에 대해 '예'이면 1점, '아니오'면 0점으로 점수를 매긴 후 총 점수를 구한다.

① 부부 성관계가 월 1회 이하입니까?

② 부부 갈등이 있습니까?

③ 너무 바쁘거나 자녀 양육 등의 이유로 부부가 함께하는 시간이 부족합니까?

④ 성매매는 외도가 아니라고 생각합니까?

⑤ 자위를 주 3회 이상 합니까?

⑥ 당신은 40대 남자입니까?

⑦ 당신은 남자인데, 성기능이 안 좋습니까?

⑧ 당신은 여자인데, 남편에 대한 불만이 많습니까?

⑨ 과거 성경험에 대해 배우자에게 진솔하게 고백을 하는 편입니까?

⑩ 부모가 외도한 적이 있습니까?

⑪ 가정 폭력이 있습니까?

⑫ 자주 자정을 넘어 귀가합니까?

⑬ 별거 중이거나 각방을 쓰고 있습니까?

⑭ 배우자에게 휴대전화나 이메일을 공개하기가 불편합니까?

⑮ 발기 약이나 성기능 관련 약, 콘돔 등을 소지하고 다니거나 집 이외

　의 다른 곳에 둡니까?

⑯ 야한 동영상을 자주 봅니까?

남성의 경우 합산 점수에서 2점을 더한다. 여성의 경우 합산 점수 그대로 평가한다.

- 5~7점 : 외도 주의 수준

- 8~9점 : 외도 위험 수준

- 10점 이상 : 외도 가능성 매우 높음

남 자 에 게 도
갱 년 기 는 힘 들 다

"당신, 저녁만 먹으면 소파에 앉아 꾸벅꾸벅 조는 게 영락없이 병든 닭 같아."

혜숙 씨는 남편 기주 씨가 안쓰럽다는 듯이 한숨을 쉰다. 젊었을 때만 해도 나름 몸짱에 체력 하나는 자신 있었던 남편인데, 40대 접어들면서 배가 점점 나오기 시작하더니 40대 중반이 되자 갑자기 몸매도 망가지고 체력도 꺾어진 느낌이란다. 안 그래도 대한민국 40대 남성이 세계에서 가장 돌연사가 많은 위험 집단이란 말도 들리고 복부비만이 성인병을 유발한다는 소리에 혜숙 씨는 불안한 마음이 들었다. 그녀가 남편에게 건강검진이라도 받아보라고 다그쳐도 돌아오는 대답은 한결같다.

"회사 일로 너무 바빠서 운동도 못 하고 피곤해서 그런 거지."

사실 남편 기주 씨가 몸매나 체력만 달라진 건 아니다. 혜숙 씨는 20대 시절 소개로 만난 남편의 남자다운 매력에 반해 연애를 시작했고 결혼까지 했다. 좀 무뚝뚝한 면은 있어도 그런 남편의 모습이 오히려 듬직하고 안정적으로 보여 좋았는데, 최근 들어서는 남편이 좀 이상해졌다. 좋게 말해서 감수성이 예민해졌다고 할까, 전에 비해 사소한 일에 짜증을 잘 내고 소심해진 것 같아 내심 당황스러웠다. 얼마 전엔 둘이서 같이 TV에서 하는 로맨스 영화를 우연히 보았는데, 주인공 남자가 죽는 장면에서 남편이 눈물을 줄줄 흘리는 게 아닌가? 예전의 남편 같았으면 신파네 뭐네 하며 투덜거렸을 것 같은 그저 그런 멜로 영화라 혜숙 씨도 별 감흥이 없었는데 남편의 그런 모습은 정말 의외였다.

'사람이 안 하던 짓을 하면 죽는다던데 이러다 큰일 나는 거 아니야?'

남편의 변화에 적응이 잘되지 않고 조바심이 난 혜숙 씨는 더 이상 안 되겠다 싶어 남편을 설득해 병원을 찾았다. 사실 병원 진료를 결심하게 된 데는 또 다른 이유가 있다. 바로 남편의 성기능 문제였다. 결혼 초부터 불과 4~5년 전까지만 해도 남편의 성기능엔 전혀 문제가 없었다. 오히려 한때는 피곤한데 달려드는 혈기왕성한 남편이 부담스러운 적도 있었다. 그런데 남편이 병든 닭처럼 변하기 시작하면서부터 성기능도 같이 꺾어지기 시작한 것 같았다. 혜숙 씨도 처음에는 남편 직급이 올라가면서 회사 일이 점점 더 늘고 회식도 많아져 바빠서 그러려니 하고 생각했다. 하지만 남편이 집에 일찍 들어오는 날도 예전처럼 혜숙 씨에게 먼저 다가오는 일은 거의 없고 꾸벅꾸벅 졸거나 시체처럼 쓰러져 잠자기 바빴다. 간혹 성관계를 시도하면 발기 유지가 예전 같지 않았고 사정도 잘되지 않아 중간에 그만두는 일이 점점 더 늘어났다. 남편은 그때마다 피곤해서 그렇다며 얼버무렸고 혜숙 씨도 남편이 부담스러워 할까 봐 그냥 넘어가곤 했다.

그러던 어느 날, 술을 먹고 늦게 들어온 남편이 오랜만에 성관계를 시도하려는데 발기가 잘되지 않는 것이었다. 당황해하는 남편을 잘 다독이긴 했지만 혜숙 씨는 걱정이 되었다. 그리고 보니 요즘엔 아침에 발기가 잘되지 않는 것도 같았다. 병원에 가보자고 했을 때 처음에는 싫다던 남편도 매번 발기 반응이 시원찮아지자 혜숙 씨를 따라나섰다.

기주 씨에게서 보이는 변화는 남성 갱년기에 나타나는 전형적인 증상들이다. 확인을 위해 호르몬 검사를 해보니 기주 씨는 역시나 남성호르몬이 많이 떨어져 있는 상태였다. 같이 시행한 검사상에서 콜레스테롤 수치가 높은 고지혈증도 있어서 앞으로 관리를 잘해야 하는 상태기도 했고 심리평가에서는 가벼운 우울증 소견을 보였다.

기주 씨가 겪고 있는 남성 갱년기는 주로 40대 이후 중년 남성에서 남성호르몬이 감퇴해 발생하는, 성기능을 포함한 다양한 신체의 퇴화 현상을 지칭하는 말로 여성 갱년기의 남성판이라고 보면 이해하기 쉽다. 차이가 있다면 여성의 경우는 매달 있던 배란과 생리가 중단되면서 생식능력이 없어지는 것이고, 남성의 경우는 갱년기가 오면 생식능력의 저하는 있을 수 있지만 무조건 생식능력이 완전히 없어지는 것은 아니다. 정상적인 남성의 경우에도 30세가 넘어가면서 대략 1년에 1퍼센트씩 남성호르몬의 분비가 감소하는데, 남성 갱년기는 이런 남성호르몬의 감소 현상이 갑자기 급물살을 타면서 두드러지는 것이라고 보면 되고 대략 45세에서 50대 중반 전후에 많이 나타난다.

남성 갱년기로 인한 변화로는 기주 씨의 경우처럼 피로감을 쉽게 느끼고 체지방이 증가하고 복부비만이 잘 생기며, 근력과 근육량이 줄고 뼈도 약해져 체력이 예전 같지 않다는 호소를 많이 한다. 또 감정 기복이나 짜증, 심하면 우울증이나 기억력 저하도 나타날 수 있다. 가장 두드러진 증상인 성기능의 저하는 다양하게 나타나는데, 성욕이 떨어지고 발기부전 증상이 생기거나 사정이 불안정해지고 쾌감의 강도나 정액량이 줄기도 한다.

이런 남성 갱년기를 앞당기는 위험 요인들이 있는데, 만병의 원인인 스트레스와 음주, 흡연, 운동 부족, 복부비만 등이다. 특히 남성호르몬이 떨어지면 복부비만이 심해지고, 복부비만이 있으면 남성호르몬 분비가 떨어지게 되므로 주의할 필요가 있다. 더구나 복부비만은 각종 성인병의 위험 요소이기도 하므로 더더욱 잘 관리하는 것이 좋다. 최근 들어 남성 갱년기 증상이 30대나 그 이전의 남성에서도 보이는 경우가 종종 있는데 앞서 언급한 위험 요소들이 큰 영향을 끼친다.

중년의 위기를 극복하는 법

그렇다면 이런 남성 갱년기는 어떻게 대처해야 할까? 자연스러운 노화의 한 과정이므로 굳이 치료할 필요가 없다고 하는 의견이 있기도 하지만, 남성 갱년기 증상 자체가 남성호르몬의 감소로 인해 생기는 것이므로 남성호르몬을 다시 끌어올려주는 것이 일반적인 치료 방법이다.

최근에는 남성호르몬 주사 요법이 드라마틱한 효과로 인해 남성 갱년기 치료에 널리 사용되고 있지만 이 요법은 주의를 요한다. 심지어 일부에서는 이 남성호르몬 주사가 노화방지나 회춘 주사로 알려져 남용되기도 하는데 이 경우 고환이나 전립선의 문제와 같은 심각한 부작용을 초래할 수도 있다. 특히 고환 기능이 오히려 위축되어 무정자증 등 불임을 유발하기도 하므로 임신을 계획하고 있는 젊은 남성이라면 피해야 한다.

남성호르몬 요법을 사용하지 못하는 경우는 다른 위험 요소들을 잘 관리해줌으로써 남성호르몬의 증가를 유도하는 방법이 있다. 즉 술을 줄이거나 끊고 금연, 복부비만 관리, 운동, 스트레스 관리 등으로 자연스럽게 남성호르몬을 끌어올리는 것인데 의외로 상당한 효과가 있고 그 자체로도 전반적인 건강 관리에 도움이 되므로 다양한 장점이 있다.

기주 씨의 경우는 남성호르몬 감소가 워낙 심했으므로 일단 남성호르몬 요법을 시작해 호르몬 수치를 끌어올리고, 이후 스트레스 관리, 음주량 조절, 운동, 식단 조절과 복부비만 관리 등으로 꾸준히 위험 요인들을 관리해나가면서 성기능 저하를 포함한 갱년기 증상들이 많이 개선되었다. 특히 비만도가 줄면서 고지혈증도 덩달아 개선되어 성기능 개선 효과는 더 두드려졌다.

기주 씨와 혜숙 씨 부부는 요즘 다시 뜨거워졌다. 기주 씨의 성기능이 개선되어 성생활이 다시 활발해졌다는 단순한 이유 때문만은 아니다. 그간 감정적으로 억제되어 있던 기주 씨가 남성 갱년기를 겪으며 자신의 섬세한 감정을 표현하기 시작하면서, 부부가 서로를 더 깊이 이해하고 전과는 또 다른 애틋한 감정이 들어 다시 연애하는 기분이라고 한다.

남성 갱년기를 관리하면서 다른 건강의 위험 요소들도 같이 개선하는 것은 앞으로 건강한 노년을 보내기 위한 필수적이고 바람직한 대비책이기도 하다. 흔히들 남성 갱년기에 나타나는 다양한 신체적·심리적 위축과 성기능의 저하를 '중년의 위기'라고 표현한다. 그런데 위기는 기회이기도 하다. 중년의 위기는 잘 관리하기만 하면 건강하고 행복한 노년을 위한 절호의 기회가 될 수 있다. 더더욱 길어진 인생, 바람직한 터닝 포인트로 위기의 중년, 남성 갱년기를 잘 극복하자.

더 사랑하고 싶은 당신에게

뱃살은 빼고 근육은 늘려라

우리나라 남성들은 외국 남성들이 성기가 클 것이라며 막연히 부러워하는 문화적인 콤플렉스가 있다. 하지만 실제로 미국에서 1년에 1500여 명의 환자들을 관찰해본 결과, 한국인이 평균보다 그렇게 작은 건 아니다. 더군다나 외국에는 워낙 비만이 흔하기 때문에 몸무게가 과할수록, 특히 허리둘레 36인치 이상은 키를 막론하고 적신호라 할 수 있다. 실제로 사람의 몸에서 스타일, 체형, 건강 면에서 모든 질병의 원인이 되는 게 비만이다.

미국 유학 시절 스승 중 한 분인 저명한 성의학자 존 멀카히 박사가 했던 연구가 있다. 기본적으로 몸무게를 5킬로그램씩 줄여봤더니, 성기 사이즈가 1센티미터씩 커진 것이다. 이는 뱃살에 파묻혔던 성기가 드러나는 것이었다. 모양이나 크기에서도 영향을 받았다. 또 이를 떠나 비만이 생기면 거기에 따르는 대사증후군 때문에 남성의 성기능은 취약해지기 마련이다. 성기능을 건강하게 관리하려면 뱃살을 빼는 게 매우 중요하다.

또 하나 성기능장애 전문가로서 하고 싶은 말은, 자신의 표준 체중에서 3~4킬로그램이 더 나가는 게 이상적인 체중이라는 것이다. 단 여기서 이 3~4킬로그램은 근육으로 더 나가야 한다. 의학 연구에서 오래 사는 사람들, 만성질환이 없는 사람들, 성기능이 좋은 사람들을 대상으로 어떤 요인이 장수와 성기능, 건강에 중요한 역할을 하는지를 조사한 적이 있다. 그랬더니 이 세 집단 모두에서 공통적으로 관련 있는 요인이 바로 근육량이었다. 즉 표준 체중에서 근육으로 3~4킬로그램이 더 나가는 체중이 본인에게 가장 이상적이며, 건강하게 오래 살면서 성기능도 좋다는 것이다.

그런데 단순히 몸을 만들기 위해 단백질 보충제 같은 것을 함부로 섭취하면 성기능에 굉장히 안 좋다. 몸짱 되려다 몸꽝이 되고 만다. 내 몸을 건강하게 만들기 위한 근육 운동과 지방을 빼기 위한 유산소 운동을 병행해야 한다. 여기서 근육으로 4킬로그램 정도가 오버되면 좋다는 얘기다.

하루 30분이라도
부부만의 시간을

'Out of sight, out of mind.' 눈에서 멀어지면 마음에서도 멀어진다. 학창 시절 영어 공부를 하면서 한 번씩 접해본 영어 속담이다. 재미있는 건 똑같은 표현의 속담이 프랑스에도 있고, 독일에도 있다는 것이다. 문화가 달라도 누구나 공감하는 말이라 그런 것 같다.

연애의 기술 중에서도 기본 중 기본이 일단 상대방의 눈에 자주 띄라는 것이다. 누군가를 사랑하게 되기까지는 일단 상대의 존재를 내가 봐야 한다. '첫눈에 사랑에 빠졌다'는 표현만 봐도 사랑에 빠지려면 적어도 눈으로 봤다는 조건이 충족되어야 한다. 사랑하는 연인이 군대를 가거나 유학을 가서 멀리 떨어지면 자연스레 이별이 찾아오게 되는 것도 서로의 눈에서 멀어지기 때문이다. 여기서 눈에서 멀어진다는 말이 의미하는 것은 결국 두 사람이 서로를 바라보며 '함께하는 시간'이 줄어든다는 의미다.

진료실을 찾는 수많은 섹스리스 부부들에게 반드시 묻는 질문 중 하나가, 부부가 단둘이 함께하는 시간이 얼마나 되느냐는 것이다. 대부분의 경우 부부 사이에 단순히 성관계만 없는 것이 아니라, 둘이서만 함께하는 시간 자체가 별로 없다. 섹스리스일 뿐 아니라 '셰어링타임리스'인 부부들이다.

"아이들 어릴 때는 애 보기 바빠서 단둘이 있을 시간이 없었고, 요즘엔 시간이 나도 둘이서 TV만 보고 있는 것 같아요. 재미있는 프로가 없으면 스마트폰을 들여다보고요."

출산 이후 서서히 악화되기 시작한 섹스리스 문제로 병원을 찾은 결혼 10년 차 은정 씨 부부. 아이가 태어난 이후에는 자녀 양육에 정신이 없어 한동안은 부부가 둘이서만 같이 있는 시간은 엄두도 나지 않았다고 한다. 이제 아이들이 크고 나니 부부가 단둘이 있는 시간이 좀 생기기 시작했는데, 안방에 들여놓은 TV가 부부 사이의 새로운 훼방꾼이다.

아이들 공부에 방해가 된다고 거실에서 TV를 치우는 게 요즘 트렌드라고도 하고, 밤늦게 들어오는 남편이 거실 소파에서 TV를 보다가 잠들기를 반복해서 아예 안방 침대 맞은편에 TV를 옮겨 달았다. 어찌나 채널도 많고 재미난 프로그램이 많은지 TV를 보다 보면 시간가는 줄 몰랐다. 문제는 TV를 보느라 부부가 대화도 안 하고 섹스리스 문제도 더 심각해졌다는 것이다. 얼핏 보기엔 안방에서 부부가 단둘이 함께 시간을 보낸 것 같은데 사실 시선은 화면에 고정된 채 각자 TV 삼매경에 빠져 있었던 셈이다.

관련된 연구를 보면 은정 씨 부부만 그런 게 아니다. 이탈리아의 세레네야 살로모니 박사 팀이 523쌍의 부부를 대상으로 연구한 논문에 따르면, 침실에 TV가 있는 부부는 그렇지 않은 부부에 비해 성생활의 빈도가 절반 수준이었다. 이런 양상은 중년의 부부에서 더 심각하게 관찰됐다. 그래서인지 부부 문제를 다루는 학자들 사이에선 'TV는 열정의 독약'이라는 표현까지 한다.

최근 들어 TV보다 더 위험한 복병이 등장했는데, 바로 스마트폰이다. 덕분에 안방 침대에 편히 누워 인터넷 검색을 하고 SNS를 할 수 있으니 편리하긴 하지만 부부 사이의 대화는 더욱 줄어드는 폐해가 생겼다. 아직까지 정확한 통계치가 나온 건 아니지만, 스마트폰 보급률이 올라가면서 부부 관계뿐 아니라 대인관계 전반에 걸쳐 깊이가 없어지는 것 같아 우려스럽다. 심지어 마주 앉아 서로 얼굴 보고 대화하는 게 불편해서 바로 옆에 앉아서도 카톡으로 대화하는 젊은이들이 많다고 하니 정말 웃지 못할 일이다.

타임셰어링의 효과

섹스리스로 병원을 찾는 부부들에게 치료 준비 단계에서 TV와 스마트폰을 끄고 한 시간 동안 침대 위에서 시간을 함께 보내라고 숙제를 내주곤 한다. 그러면 다들 처음에는 단 30분을 같이 있는 것도 어색하다고 말한다. 그만큼 TV와 스마트폰이 둘 사이를 갈라놨다는 얘기다. 부부가 단둘이 함께하는 시간이 어색하다면 이는 부부 사이의 의사소통과 친밀도가 그리 좋지 않다는 것을 의미한다.

TV와 스마트폰을 켜지 않고서는 함께 있지 못하는 부부들은 배우자와 옆에 같이 있더라도 서로 정서를 공유하는 게 아니라 TV가 만들어내는 인위적인 감정을 함께할 뿐이다. 배우자와 눈빛도 마주치지 않은 채 각자 전자 제품과 감정을 교류하는 것은 서글픈 일이다.

TV와 스마트폰은 끄고, 잠들지도 말고, 성관계도 시도하지 말고, 안방 침대나 이부자리에서 부부가 같이 시간을 보내는 것을 타임셰어링time sharing 즉 '시간 공유'라고 하는데 단순해 보이는 이 타임셰어링의 힘은 의외로 강력하다. 처음에는 어색하고 불편하다고 꺼리는 커플이 많다. 특히 성적인 문제든 관계에서의 갈등이든 부부간 불화가 심해서 이혼을 생각하는 위기의 부부에게 이 타임셰어링을 시도해보라고 하면 훨씬 반발이 심하다. 서로 꼴도 보기 싫은데 같이 침대 위에 있으라니 그게 말이 되느냐며 불같이 화를 내기도 한다. 그런데 정말 신기한 것은 이렇게 억지로라도 부부를 한 공간에서 함께 시간을 보내도록 하면 어쨌거나 두 사람 사이의 긴장이 완화되고 관계가 부드러워진다는 것이다. 진료실에 왔을 때 부부의 표정이 달라져 있다.

"뭐 특별히 한 것도 없는데, 이상하게 덜 싸우게 된 것 같아요."

타임셰어링 숙제를 하기 시작한 커플들이 흔히 하는 말이다.

이런 타임셰어링의 효과에는 옥시토신 호르몬의 역할이 작용한다. 부부가 단순히 부드러운 대화나 가벼운 스킨십, 명상이나 휴식을 함께하기만 해도 옥시토신이 분비되고, 이 옥시토신은 애착 형성과 친밀감, 스트레스 및 우울감, 불안 해소 등의 효과가 있다. 앞서 언급한 '눈에서 멀어지면 마음에서도 멀어진다'는 속담도 결국 옥시토신의 효과를 달리 표현한 것이라 할 수 있다.

섹스리스는 부부 각자의 성 문제로 인해 생길 수도 있지만 두 사람 사이의 부족한 친밀감이 주요한 원인일 수 있다. 이 친밀감을 가늠할 수 있는 지표는 두 사람이 평소에 얼마만큼 함께 시간을 보내고 대화나 행동으로 커뮤니케이션을 하는지 여부다. 굳이 사랑한다는 표현을 해야 하는 게 아니라 하루 동안 있었던 일, 아이들 얘기, 공통의 관심사, 취미, 가벼운 스킨십, 열정적인 성행위 등이 어우러져 부부의 친밀감을 높인다.

과학기술의 발달로 하루가 다르게 빠른 속도로 세상이 스마트해지고 있다. 아이러니컬하지만, 세상이 빠르게 스마트해지면서 나타나는 인간관계에서의 여러 가지 부작용을 해결하는 솔루션은 아날로그적인 관계다. TV를 끄고 스마트폰을 내려놓고 불필요한 정보의 바다에서 하루 30분이라도 벗어나보자. 배우자와 마주 보고 함께 시간을 보내며 그저 하루 일과를, 자신의 감정을 나눠보자. 부부라 해도 서로의 마음에서 멀어지지 않으려면 서로의 눈에서 벗어나지 않는 노력이 필요하다.

· · · · · · · · 더 사랑하고 싶은 당신에게 · · · · · · · ·

부부 관계 만족도에 관한 테스트

결혼 생활이 행복하려면 남편과 아내 각자가 양보하고 포기해야 하는 것보다 얻는 게 더 많아야 한다. 결혼으로 얻는 것이 경제적·물질적 안정이나 사회적 지위 같은 외형적인 것으로 국한되는 건 아니다. 애정, 의존 욕구, 안정감 등의 심리적인 보상이 더 의미가 클 수도 있다.

다음 질문에 '예', '아니오'로 답해보자. 각 항목에 대해 '예'이면 1점, '아니오'면 0점으로 점수를 매긴 후 총 점수를 구한다.

① 배우자에게 내 속마음을 솔직하게 얘기할 수 있다.

② 배우자는 나를 버리지 않을 것이다.

③ 나는 힘들 때 배우자에게 의지한다.

④ 배우자는 나를 진심으로 생각해주는 것 같다.

⑤ 우리 부부는 서로의 말을 귀담아듣는 편이다.

⑥ 친구나 다른 사람과의 관계보다 배우자와의 관계가 더 중요하다.

⑦ 나는 배우자와 대화하는 것을 좋아한다.

⑧ 배우자와 단둘이 보내는 시간을 자주 가진다.

⑨ 우리 부부는 서로의 의견 차이를 인정할 수 있다.

⑩ 나와 배우자는 같은 것을 좋아하는 것 같다.

⑪ 배우자에게 애정을 표현하는 것이 어렵지 않다.

⑫ 배우자와의 관계 외에 딴생각을 한 적이 없다.

⑬ 배우자와 여생을 함께 보내고 싶다.

⑭ 나는 배우자를 신뢰한다.

⑮ 배우자와의 관계가 여전히 즐겁고 흥분된다.

⑯ 우리 부부의 관계는 더 나은 방향으로 발전하고 있다.

⑰ 나는 배우자와의 관계에 전적으로 헌신한다.

⑱ 우리 부부는 서로의 잘못을 지적하거나 비난하지 않는다.

⑲ 배우자와 다툰 다음에는 가급적 바로 화해하는 편이다.

⑳ 배우자와의 성생활에 큰 불만이 없다.

- 5점 이하 : 부부 관계 만족도 낮음, 갈등 위험 높음

- 6~10점 : 부부 관계 만족도 보통, 갈등 가능성 있음

- 11~15점 : 부부 관계 만족도 비교적 높은 편, 갈등 가능성 적음

- 16점 이상 : 부부 관계 만족도 높음, 갈등 가능성 지극히 적음

백혜경 부부가 사랑을 나누는 것이 즐겁지 않다면 누구 한 사람을 탓할 게 아닙니다. '우리 팀에 문제가 있다'는 것을 직시하고 '네 문제는 곧 내 문제'라고 생각하는 공동체 의식을 가져야 해요.

강동우 인터넷을 하다 부부를 위한 사이트라고 해서 들어가본 적이 있는데, 운영자가 변태가 아닐까 싶을 정도로 성에 대한 이상하고 잡다한 얘기들만 가득하더라고요. 부부 성관계의 핵심은 말초적인 쾌감이 아니라 정서 반응입니다. 부부의 성생활은 서로 쾌감과 유대감을 주고받는 놀이라 할 수 있죠.

백혜경 성적 매력이라는 것을 육체적인 관점에서만 보지 말고, 내가 상대방과 얼마나 많은 부분을 정서적으로 공유하고 있는지 잘 살펴보길 바랍니다. 부부간에 정서적인 유대감이 강할수록 성적 매력도 더 견고해지거든요.

강동우 성관계란 것은 말 그대로 '관계'예요. 그런데 성에 대해서만 집중적으로 다루고 관계에 대해서는 별로 중시하지 않는 경우가 많아요. 관계가 뿌리인데 자꾸 성만 강조되는 것이죠. 성관계란 사랑하는 사람과 나누는 것이고, 감정을 나누는 게 중요하다는 사실을 잊지 말았으면 합니다.

Part 3

내가

몰랐던

당신의 아픔

섹 스 리 스 는
표면에 드러난 문제일 뿐*

국어시간에 박인환의 시 〈목마와 숙녀〉를 처음 배웠을 때만 해도 버지니아 울프는 성씨가 좀 특이한 영국의 여류 작가라고만 생각했다. 버지니아 울프가 의식의 흐름 기법을 창조하고 발전시킨 대표적인 모더니즘 작가이자 페미니즘의 시조라 불리는 인물이란 사실을 알게 된 건 대학 시절에, 그녀가 쓴 《자기만의 방》과 전기를 읽고 나서였다. 당시 버지니아 울프의 전기를 읽으면서 그녀가 어린 시절 의붓오빠들로부터 상습적으로 성폭행을 당했다는 사실과 자살로 생을 마감했다는 걸 알고는 충격을 받았던 기억이 난다.

* 이 글은 백혜경 저자의 시점으로 쓰였다. – 편집자 주

정신과 의사가 된 후에 책에서 봤던 버지니아 울프의 '신경쇠약'이란 것이 실은 현대 정신의학에서 말하는 조울병이며 그녀가 환청과 같은 정신병적 증상을 동반한 심한 우울증 상태에서 자살을 시도했다는 걸 알게 됐다. 만약 버지니아 울프가 현재와 같은 약물 치료를 받을 수만 있었다면 평생을 시달린 조울병은 한 달이면 좋아질 수 있었을 텐데 하는 안타까움도 들었다.

세월이 더 흘러 부부 문제와 성을 다루는 전문가가 된 이후에는 버지니아 울프의 다른 측면에 더 관심이 가게 되었다. 전혀 성관계를 갖지 않은 채 말 그대로 진짜 섹스리스였던 그녀의 결혼 생활이었다. 남편 레너드 울프는 아름답고 똑똑한 버지니아에게 청혼했다가 거절당하기를 수없이 반복했다. 버지니아가 결혼의 전제조건으로 '성관계를 요구하지 말 것'과 '직장을 그만두고 작가인 자신을 뒷바라지할 것'이라는, 받아들이기 힘든 요구를 했음에도 불구하고 레너드가 이를 수락하면서 두 사람은 드디어 결혼에 골인하게 된다.

아마도 어린 시절의 트라우마로 섹스에 대해 큰 부담과 거부감이 있었던 버지니아 울프에게는, 아내를 위해 금욕하는 남편과 섹스리스 상태인 결혼 생활 자체가 엄청난 사랑으로 받아들여졌을 것 같다.

그러나 그들의 결혼 생활은 버지니아의 반복되는 조울병 재발로 몇 번의 힘든 고비를 넘겼고 섹스리스 외에도 여러 가지 문제로 상당히 힘들었다고 한다. 롤러코스터 같은 결혼 생활은 59세에 다시 우울증이 재발한 버지니아 울프가 스스로 강물에 뛰어들어 자살하는 안타까운 비극으로 마침내 끝이 났다. 그녀가 레너드에게 남긴 유서에는 남편에 대한 절절한 마음과 함께 환청과 우울 증상이 두려워 자살을 생각하는 고통스러운 심경이 잘 드러나 있어 보는 이의 마음을 아프게 한다. 아마 박인환 시인도 버지니아 울프의 유서를 읽고 그 아픈 심정을 담아 그녀에 대한 시를 쓰지 않았을까 짐작한다.

내가 버니지아 울프의 이야기를 하는 것은 섹스리스 상태의 결혼 생활이 무조건 불행으로 끝난다는 말을 하기 위해서가 아니다. 그녀가 어린 시절 성폭행의 트라우마로 인해 남편과의 성관계를 거부하고 섹스리스 상태가 된 것처럼, 섹스리스에는 다양한 유발 원인이 있을 수 있고, 그 원인은 버지니아의 성폭행 트라우마처럼 그 자체로 치료가 필요한 경우가 대부분이라는 사실을 얘기하기 위해서다.

문제는 깊숙한 내면에 있다

'우리 커플은 소울메이트기 때문에 섹스를 원치 않는 것일 뿐'

이라고 말하더라도, 그것은 섹스를 원치 않는 것이나 섹스리스인 상태 그 자체가 그들의 깊은 내면에 다른 근본적인 문제가 있다는 걸 알려주는 위험 신호일 가능성이 상당히 높다. 남성이든 여성이든 스트레스를 받거나 몸 상태가 좋지 않거나 아니면 부부간에 갈등이 있는 경우에 배우자와의 성관계에 대한 욕구나 관심이 일시적으로 줄어들 수 있다. 그러나 결혼 생활 내내 특별히 뚜렷한 원인도 없고 부부간 사이도 좋으면서 단순히 성관계가 싫어서 섹스리스 상태를 유지하는 것이라면 이는 분명 부부 중 어느 한쪽이나 양쪽 모두에게 뭔가 문제가 있다고 볼 수 있다.

결혼 생활의 불행을 막기 위해 원치 않는 상황에서 억지로 성관계를 가지라는 소리가 아니다. 자신이나 배우자가 성관계를 싫어하거나 원치 않게 된 원인이 무엇인지 살펴보고 이를 극복할 수 있는 방법을 찾아 문제를 해결하는 것이 올바른 방법이다. 섹스리스는 표면에 드러난 문제일 뿐이다. 섹스리스를 치료하러 왔다가 자신의 인생을 여러 가지 측면에서 되돌아보고 내면의 상처를 치유할 수 있는 기회를 갖게 되었다는 얘기를 정말 많이 듣는다.

만약 버지니아 울프 부부가 부부 갈등과 섹스리스 문제를 치료받기 위해 병원을 찾았다면 어땠을까? 아마 가장 먼저 조울병 약물 치료와 함께, 성혐오증의 원인이 된 그녀의 어린 시절 성폭행의 트라우마를 치료하고, 이후 성에 대한 부정적인 인식과 경험을 개선시키는 성 치료를 남편과 함께 받게 했을 것 같다. 그랬다면 부부의 섹스리스 문제와 더불어 평생 그녀를 괴롭힌 조울병과 트라우마도 같이 치료할 수 있었을 텐데 하는 부질없는 생각을 해본다.

· · · · · · · · · 더 사랑하고 싶은 당신에게 · · · · · · · · ·

성 문제에서 심리적 치료가 중요한 이유

"왜 정신과에서 비뇨기과 진료를 보나요?"

종종 이런 질문을 받는다. 성기능장애를 성기의 장애라고 이해하는 것이다. 그런데 기본적으로 성 반응은 뇌에서 이뤄진다. 성기 등이 자극되어 느끼는 것이긴 하지만 결국 뇌가 가장 중요하다. 그래서 미국이나 선진국에서는 성기능 관련 질환에 대해 주로 정신과에서 심리적으로 접근을 하고, 발기 주사 등의 국소적인 치료만 비뇨기과에서 시행한다. 세계에서 공통적으로 사용하는 질병 및 관련 건강 문제의 국제 통계 분류(ICD-10)가 있는데, 이 진단 분류 체계에서도 남녀 오르가슴 장애, 조루 등 성기능 관련 질환들은 정신과 코드(F코드)로 분류한다. 성의학은 원래 정신과에 속해 있는 분야인 것이다.

인간의 성을 학문적으로 탐구하기 시작한 사람은 정신분석학자인 지그문트 프로이트였다. 그는 심리학적 측면에서 성에 대해 처음으로 공론화해 센세이션을 일으켰다. 성과 심리의 관계에 대해 상당히 의미 있는 지식을 제공했지만, 이런 가설이 과학적인 사실로 입증되기 위해서는 통계적 접근이 절실했다.

그러다 최초로 섹스를 리포트화한 사람이 바로 동물통계학자였던 앨프레드 킨제이 박사다. 그는 1948년 미국에서, 10년 동안 9000명의 남성을 대상으로 성행위에 대해 인터뷰한 결과를 분석해 〈인간 남성의 성적 행동〉이란 보고서를 냈다. 당시 〈뉴스위크〉는 "다윈의 진화론 이래 이보다 더 충격적인 과학서는 없었다"라는 평을 했다. 1953년에는 9000명의 여성을 연구 조사해 〈인간 여성의 성적 행동〉을 발표함으로써 "아담과 이브의 성기를 가린 나뭇잎을 킨제이가 떼어버렸다"라는 평가를 받기도 했다. 이후 성의학은 떳떳하게 과학의 반열로 올랐다고 볼 수 있다.

부부 치료를 할 때나 부부의 성 문제를 다룰 때 신체적인 문제뿐 아니라 심리적인 부분을 중요하게 생각하고 다룰 필요가 있다.

"부부는 친밀감과 헌신과 열정으로 뭉쳐져 있어야 한다."

로버트 스턴버그라는 유명한 학자가 한 말이다. 열정을 성적인 측면으로 볼 때 다른 두 가지도 함께 있어야 부부의 사랑은 완성된다. 성 문제의 밑바닥엔 심리적·정신적 원인이 깔려 있는 경우가 많은데도 우리나라에서는 근본적인 치료보다 약이나 비과학적인 시술에 쉽게 의존하는 현상이 심각하다.

남성은 외도할 때 성적인 몰입을 하지만 여성은 친밀감에 대해 몰입을 한다. 다시 말해 남성은 성적인 욕구 때문에 '바람을 피우는' 경우가 많고, 여성은 이미 부부간에 어떤 문제가 생겨서 외도를 하는 경우가 많다. 여성의 외도가 이혼으로 더 많이 이어지는 것도 이런 까닭에서다. 부부 사이에 트러블이 생기면 여성들에서는 그것이 성적인 문제로 이어지는 일이 흔하다. 그래서 심리적인 치료가 중요하다.

그런데도 부부간에 성적인 문제가 있다고 하면 일단 다이어트부터 하려고 들고 성기를 줄이거나 확대하는 수술을 고민하는 사람들이 많다. 우리 부부는 이런 세태가 안타깝기 그지없다. 외형적인 것을 중시하는 문화, 무엇이든 한 번에 간단히, 빨리빨리 해결하려고 하는 행태로 인해 많은 이들이 그런 우를 범하는 것 같다.

남편의 역할을
배우지 못해 두려운 남편

"사랑이 식어서 헤어지고 싶은 거예요. 이런 것도 치료가 되나요?"

결혼한 지 이제 6개월 된 성민 씨와 다혜 씨 커플은 섹스리스 문제로 내원했다. 아내에 대한 성민 씨의 성욕 저하와 성관계 회피로 인한 섹스리스가 문제였는데, 오히려 성민 씨가 아내인 다혜 씨에게 이혼을 요구하고 나섰다. 더욱 놀라운 것은 이 커플이 연애만 7년을 한 오래된 커플이었다는 사실이다.

맞선으로 만났거나 연애 기간이 짧아 서로를 파악할 기회가 부족했던 커플이 결혼 초기부터 성생활에 문제가 생기고 섹스리스에 빠지는 일은 종종 있다. 하지만 이렇게 오랜 기간 사이좋게 잘 지낸 연인들이 결혼 직후 섹스리스에 빠지는 경우는 흔치 않다.

게다가 성민 씨와 다혜 씨는 연애 시절에는 성관계를 하는 데 문제가 있기는커녕 오히려 만족스러웠다고 한다.

문제는 결혼 직전에 본격적으로 결혼을 준비하면서부터 나타나기 시작했다. 혼수를 준비하는 과정에서 둘 사이에 사소한 다툼이 벌어졌는데, 성민 씨는 그때 이후로 말수가 줄고 다혜 씨를 멀리하기 시작했다. 다혜 씨는 자신을 서먹하게 대하는 성민 씨의 냉랭한 태도에 처음에는 답답함을 느꼈지만 원래 속내를 잘 드러내지 않는 그의 성격을 잘 아는지라 대수롭지 않게 넘겼다. 그런데 결혼을 하고 난 이후 한 달 만에 남편 성민 씨가 '도저히 안 되겠다'며 가출을 했을 땐 사태가 심각함을 깨닫게 되었다. 다혜 씨가 이유가 무엇이냐고 남편에게 묻자 그는 혼수 갈등 이후로 사랑이 식어버렸다며 헤어지자는 청천벽력 같은 소리를 했다.

"혼수 갈등이 사실 그렇게 심각한 건 아니었어요. 7년 연애 기간 동안 그보다 더한 일로도 많이 싸우고 화해하고 했거든요. 갑자기 이제 와서 남편이 애정이 식었다고 말하는데 선뜻 납득이 되지 않더라고요. 그래도 어쩌겠어요? 저 때문에 상처받았다는데 미안하다고 할 수밖에요. 남편에게 사과하고 또 사과했어요."

다혜 씨의 읍소에 겨우 집으로 돌아온 성민 씨는 또다시 한 달을 못 버티고 냉각기를 가지자며 집을 나갔다. 그러다 얼마 후에는 당장 이혼하자며 다혜 씨를 다그치기 시작했다. 행복에 겨워야 할 신혼을 남편의 반복된 가출과 이혼 요구로 인해 눈물로 보낸 다혜 씨는 이혼을 하기 전 마지막 시도라는 생각으로 싫다는 남편을 간신히 설득해 병원을 찾았다.

우리는 부모를 보고 배운다

진단 결과 두 사람 모두 성기능상으로는 아무런 문제가 없었다. 성민 씨는 자신이 아내에 대해서만 성욕이 떨어진 것이고 애정이 식어서 그런 것이니 어쨌든 헤어지면 해결될 문제라고 주장했다. 성민 씨의 말은 얼핏 듣기엔 설득력이 있어 보였다. 그런데 성민 씨 가족에 대한 이야기를 하면서 원인은 다른 곳에 있다는 게 밝혀졌다.

성민 씨의 기억 속에 아버지는 항상 멀고 낯선 존재였다. 아버지는 성민 씨가 다섯 살 때 집을 나가 내내 따로 살았다. 무책임한 아버지는 술과 도박에 빠져 자신만을 위해 살았고 연락도 잘 없었다. 어머니는 장남인 성민 씨와 막내딸을 혼자 돌보며 힘들게 생계를 꾸려나갔다. 10년 만에 마음을 다잡고 집으로 돌아온 아버지는 몇 달을 채 버티지 못하고 다시 집을 나갔고 언젠가 남편이 돌아오리라 기다리다 지친 어머니는 결국 이혼을 결심했다. 이혼 이후에는 일 년에 한 번 정도, 그것도 돈이 떨어졌으니 빌려달라는 전화를 걸어오던 아버지의 모습에서 성민 씨는 어떤 애정이나 애착도 느낄 수 없었다. 온전한 부부의 모습, 가족의 모습을 제대로 경험해본 적이 없었던 성민 씨에게 결혼은 큰 부담이었다. 연애 시절엔 그리도 다정한 연인이었지만 결혼 이후 떠맡은 남편 역할을 어떻게 해야 할지 혼란스러웠다.

"그러고 보니 이전에 아버지가 어머니에게 했던 행동을 제가 지금 아내에게 하고 있네요."

아버지에 대한 이야기를 끝내고 성민 씨가 조용히 읊조렸다.

사랑이 식어서 헤어지겠다는데 무슨 치료냐고 했던 성민 씨는 알고 보니 다혜 씨와 7년간 연애한 것 외에는 제대로 이성 교제를 해본 적이 없었다. 아니, 누군가와 속 깊은 대화를 나누거나 장기적으로 친밀한 관계를 가져본 경험이 전혀 없었다. 가장 가까워야 할 대상인 아버지는 남보다도 못한 존재였고, 어머니 또한 늘 일에 치여 살았기에 얼굴을 보고 살기가 힘들었다. 가장 오랜 시간을 함께 보낸 대상은 여동생이었는데 그나마 이 경험이 다혜 씨와의 연애가 가능하게 된 밑바탕이기도 했다. 속내를 잘 드러내지 않는 감정적 억제가 어린 시절부터 몸에 밴 성민 씨는 자기감정에 충실하고 적극적인 성격인 다혜 씨의 리드로 연애까지는 가능했지만, 결혼에 이르러서는 그만 한계에 부딪히고 만 것이다.

복잡한 마음에 어찌해야 할지 모르던 성민 씨는 반복된 가출과 아내와의 성관계 거부 등으로 친밀한 관계에서 회피하고 도망치는 방법을 선택했다. 그리고 아내에 대한 애정이 식었다는 핑계로 자기합리화를 하려고 했다. 스스로 인정했듯 과거 아버지가 했던 방식을 그대로 따랐던 것이다.

어렸을 때 하는 소꿉놀이는 그냥 단순한 놀이가 아니다. 엄마 역할, 아빠 역할을 해보면서 앞으로 어른이 되면 해야 할 역할을 미리 연습하는 중요한 의미가 있다. 아이들이 하는 소꿉놀이를 보면 그 아이의 부모가 평소 어떻게 말하고 행동하는지 다 드러난다. 아이들은 자신이 평소 부모를 보고 경험한 것을 그대로 흉내 내기 때문이다. 이런 식의 역할놀이, 롤모델에 대한 학습은 책을 보고 배우는 게 아니라 오랜 기간의 경험을 통해 자연스럽게 몸에 배는 것이다. 그래서 그 영향력은 강력하고도 지속적이다. 눈에 보이지는 않아도 부모가 자식에게 물려주는 무형의 정신적 유산이 자식의 인생에 얼마나 중요하고 지대한 영향을 미치는지 잘 생각해본다면 그 어떤 부모도 자식 앞에서 함부로 행동하기 어려울 것이다.

부부 치료나 가족 치료에서는 반드시 원가족, 즉 남편과 아내 각자의 가족에 대해 자세한 이야기를 하게 돼 있다. 필요하다면 가족 구성원의 성장 배경과 성격, 구체적인 관계까지 몇 시간이나 공을 들여 이야기하기도 한다. 부부의 현재 모습은 결국 본인이 과거에 경험한 부부의 모습에서 영향을 받을 수밖에 없으므로, 문제를 해결하기 위해서는 근원이 되는 원인을 이해해야 한다.

성민 씨의 핵심적인 문제는 부부 관계를 포함해서 친밀하고도 장기적인 대인관계를 유지하기 어렵다는 것이었다. 그 근원은 과거 아버지가 보여준 미성숙하고 잘못된 남편 및 아버지 역할 모델에서 찾을 수 있었다. 성민 씨와 같이 내면에 깊은 트라우마가 있는 경우엔 부부 치료만으로는 부족하고 개인적인 면담 치료가 꽤 장기간 이뤄져야 한다. 이를 통해 어린 시절 부모와의 관계에서 경험하지 못했던 대인관계에서의 기본적인 신뢰와 믿음이 재정립되어야 한다.

성민 씨는 요즘도 계속 개인 치료를 받고 있다. 단순히 이혼을 하지 않기 위해서가 아니라 이제는 그의 인생에서 이 치료가 중요한 일이란 것을 스스로 깨달았다고 한다. 자신을 믿고 기다려주는 아내 다혜 씨가 있고 치료자가 곁에 있기에 성민 씨에게는 희망이 있다.

어린 시절 결핍된 애착관계로 인한 상처를 치유할 수 있는 건 또 다른 사람과의 관계에서 경험하는 안정적인 애착관계와 신뢰감이다. '사람에게 받은 상처를 치유하는 건 또 다른 사람과의 관계'라는 말은 결코 틀린 소리가 아니다.

결혼 생활에 영향을 주는 요소

① 어린 시절의 환경

앞서 언급했듯이 어린 시절의 경험과 환경이 중요하다는 것은 두말할 여지가 없다. 아직은 뇌가 말랑말랑한 유년기의 경험들은 깊이 각인이 되어 성격의 큰 틀을 형성하게 된다. 어린 시절의 환경이라고 하면 경제적인 상황과 같은 물리적인 조건을 생각하기 쉬운데 그보다 더 중요한 것은 심리적인 환경이다. 심리적인 환경은 전적으로 부모가 제공하는 것이라 해도 틀리지 않다. 아이에게는 엄마나 아빠가 보여주는 감정과 정서, 엄마·아빠 각자와 일대일로 나누는 감정적 교류뿐 아니라 부모가 보여주는 부부간의 관계가 일생에 영향을 끼치는 경험으로 남는다.

우리가 현재 배우자와 관계를 맺을 때 많은 부분은 어린 시절에 학습한 부모의 관계에서 차용하고 무의식적으로 모방한 것이다.

② 나 자신의 역사

가까운 형제자매와의 관계, 학교에 가면서 만나게 되는 친구나 선생님들과의 관계 등 주변의 많은 사람들과 함께한 경험 또한 켜켜이 나의 내면에 남아 내 성격의 일부가 된다. 그래서 정신과 의사들은 면담 치료를 할 때 어린 시절부터의 경험을 당사자가 기억을 하는 한 많이 들어본다. 거기에 그 사람을 이해하는 열쇠가 있기 때문이다.

지금의 부부 관계에서 배우자를 이해하고자 한다면 어린 시절의 역사에 대해 살펴봐야 한다. 상대방에 대한 이해는 내가 그를 포용하고 받아들일 수 있는 출발점이 된다.

③ 유전자의 영향

부부를 면담할 때는 각자의 원가족, 즉 양가 3대에 대한 이야기를 한다. 친가 및 외가 쪽 조부모, 아버지의 형제자매인 삼촌과 고모, 어머니의 형제자매인 외삼촌과 이모들 이야기까지도 다 들어본다. 성격이 어떻고 어떤 일을 하며 행여 사망했으면 사망 원인이 무엇이었는지 물어보는데, 왜 이런 이야기를 다 해야 하느냐며 의아해하는 사람들도 많다.

그러나 가족에 대한 정보는 비싼 비용을 들여 유전자 검사를 하지 않아도 알 수 있는, 내 유전적 특성을 파악할 수 있는 중요한 데이터다. 실제 유전병뿐 아니라 심장질환, 암, 뇌졸중, 치매 등 모든 종류의 질환에서 가족력 즉 유전적 요인은 중요하기 때문에 나 자신의 건강관리를 위해서도 이런 정보는 알고 있는 게 좋다. 그뿐 아니라 우울증, 조울병 같은 정신질환과 예민한 성향, 급한 기질과 같은 성격적인 문제도 유전적인 면이 상당히 큰 비중을 차지한다. 심지어 부부 관계에서 배우자를 대하는 태도도 학습과 기질적인 면에서 가족 내에 공통적인 부분이 있음을 간과할 수 없다.

21세기 한국에서
벌어지는 여성 할례

"남자 친구와의 첫 경험 때 예쁘게 보이고 싶었어요. 제 소음순 모양이 늘 신경 쓰였거든요. 인터넷을 뒤져서 여성성형을 제일 잘한다는 곳을 찾아가서 받은 수술인데……."

20대의 꽃다운 여성 소영 씨는 감정에 북받쳐 말을 잇지 못했다. 소영 씨는 소위 말하는 여성성형술, 즉 소음순 성형술을 받은 후 그 후유증으로 생긴 지속되는 통증과 성감 저하로 인해 진료실을 찾은 환자였다.

소영 씨는 예전부터 자신의 소음순이 짝짝이에다 축 늘어져서 고민해왔다고 한다. 인터넷이나 여성 잡지 등에 차고 넘치는 여성성형술에 대한 광고들을 주의 깊게 보긴 했지만, 부끄럽고 차마 엄두가 나지 않아 병원에 갈 결심은 하지 못했다. 그러던 중 사랑하는 남자 친구가 생기고 사랑이 깊어져 결혼 약속까지 하게 되자 곧 성관계를 하게 될 것 같은 생각에 마음이 급해졌고, 오랜 고민을 해결하기 위해 결국 병원을 방문했다.

소영 씨를 검진한 의사는 소음순이 짝짝이고 늘어져 미용적으로 문제가 있고 성기능에도 안 좋을 거라고 시원시원하게 진단을 내려주었고, 여성성형술은 모양을 더 아름답게 만들어줄 뿐 아니라 기능까지 더 좋게 만들어준다고 했다. 심지어는 요즘은 미혼 여성들도 많이 한다며 용기를 내라는 격려의 말까지 들은 소영 씨는 더 망설일 것도 없이 소음순 성형술을 받았다. 하는 김에 간단한 시술로 모양도 더 예뻐지고 오르가슴도 잘 느끼게 된다는 음핵거상술까지 받았다.

그런데 오랜 고민이 해결될 거란 그녀의 바람과는 너무나도 다른 결과가 기다리고 있었다. 수술한 뒤로 해당 부위가 아프고 감각이 이상하게 느껴지기 시작한 것이다. 처음에는 수술 직후 올 수 있는 일시적인 문제라고 생각했는데, 1년이 지나도 문제가 지속되니 답답한 노릇이었다. 통증과 이상 감각으로 성관계를 피하게 된 그녀는 결국 남자 친구와도 사이가 소원해져 결혼 계획마저 틀어져버렸다. 수술을 한 의사는 너무 예민하게 반응해서 생기는 문제라며 오히려 소영 씨에게 책임을 돌렸다.

여성의 성기를 감싸고 있는 소음순은 외부로부터의 이물질 유입과 질의 건조를 막는 보호막 역할을 한다. 발생학적으로는 남성 음경의 피부에 해당되며 신경 분포가 음핵 다음으로 민감한 곳으로 중요한 성감대이기도 하다. 소음순은 해부학적으로 음핵과 질을 연결하는데, 삽입 성교 시에 피스톤 운동의 자극을 음핵으로 전하는 역할을 한다. 그러므로 외형적으로 다소 늘어진 형태의 소음순이 오히려 기능적으로는 더 좋을 수 있으며, 너무 커서 문제가 되는 경우는 극히 드물다. 또한 많은 여성들이 고민하는 소음순 좌우 비대칭은 보통 여성의 왼쪽 가슴이 더 발달해 있고, 남성의 왼쪽 고환이 주로 처져 있는 것처럼 지극히 정상적인 것이다.

"소음순이 비대칭이고 늘어진 것이 정상이란 사실을 왜 저는 몰랐을까요? 그리고 버젓이 광고까지 하고 다들 많이 하는 수술이라면서 이 수술의 부작용에 대해서는 왜 미리 얘기해주지 않았을까요?"

울분을 토하는 소영 씨에게 공감한다. 우리 부부가 유학을 마치고 한국에 돌아와서 이러한 여성성형술의 문제점을 수차례 제기해왔지만 그때마다 해당 시술을 하는 의사들은 대부분 모르쇠로 반응하거나 반발하곤 했다. 왜 남의 영업을 방해하느냐는 말까지 들었다. 그럴 때마다 우리는 그야말로 외눈박이 나라에 간 두눈박이가 된 심정이다. 자극적인 광고와 이상한 관행이 난무하면서 수많은 여성들이 그릇된 정보를 진실로 믿고 잘못된 시술을 받고 있다.

아프리카의 할례와 성기성형술

우리 부부도 창피했던 기억이 있다. 킨제이연구소 연수 시절, 이왕이면 많은 경험을 하고 싶어서 연구소장 밴크로프트 박사에게 부탁해 비뇨기과 의사의 진료를 참관할 수 있는 기회를 얻었다. 밴크로프트 박사는 친구인 멀카이 박사를 소개해주었는데, 그는 인디애나 대학병원의 비뇨기과 교수이자 북미비뇨기과 학회장을 역임한 성기능장애의 또 다른 세계적 권위자였다. 그런 멀카이 박사의 진료에 참관했을 때 한국에서 많이 이뤄지고 있는 여성성형술에 대해 무심코 이야기했다가 된통 혼이 났다. '그런 말도 안 되는 시술을 하는 의사들은 돈 버는 데만 관심 있는 부도덕한 사람들'이란 질타를 받고는 망신스러웠던 기억이 난다.

한국에서 성의학에 대한 교육을 제대로 받지 못했던 우리로서는 그때까지만 해도 한국에서 흔히 시행하고 있는 성기성형술이 의학적으로 문제가 없는 것인 줄 알았고 미국이나 선진국에서도 시행하는 줄 알고 있었는데, 미국의 성의학 권위자가 그런 시술에 대해 '학술적 근거도 없고 비윤리적인 진료 행위'라고 하니 이는 문화 충격이나 다를 바 없었다. 그날 이후 우리는 해당 시술들에 대한 연구와 논문을 찾아보기 시작했는데, 역시나 그 효과나 부작용에 대해 의학적으로 검증된 바가 거의 없었다.

소음순의 모양을 성형하는 우리나라의 문화가 아프리카 여성들의 할례의식과 다를 게 무엇인가 하는 생각이 든다. 아프리카 여성들의 상당수가 어린 시절에 음핵과 소음순을 잘라내는 할례의식을 받는데, 세계보건기구^{WHO} 등 국제사회는 이를 여성에 대한 심각한 인권침해 및 박해로 규정하고 할례의식을 중단하는 데 앞장서고 있다. 그런데 아이러니컬한 점은 피해 당사자인 아프리카 여성들의 반응이다. 국제사회의 도움으로 할례를 받지 않게 된 여아의 엄마들이 "할례를 받지 않은 성기를 가지고는 수치스러워 살 수 없고 시집을 못 갈 수도 있다"며 반발한다는 것이다. 옛날 중국에서 전족을 하지 않은 여성들이 가난한 집 내지 근본 없는 집 자식 취급을 받아 시집도 잘 못 가고 천대받던 것과 같은 맥락인 것 같다.

음핵과 소음순이 없어 스스로는 오르가슴도 잘 못 느끼고, 수술 부작용으로 통증, 출혈, 감염 등을 경험하며 심각하면 목숨을 잃을 수 있는데도 할례를 받지 않은 성기는 여성으로서 수치스러운 것이라면서 위험을 감수하는 여성들. 그러한 그들의 인식이 소음순이 예쁘지 않다며 수술을 받는 우리나라 여성들의 인식과 다를 바가 없다고 한다면 지나친 걸까?

득보다 실이 많은 남성의 포경수술처럼 소음순의 비대칭 문제에 칼을 대는 것은 신경 손실과 성감 감소 등의 이유로 바람직하지 않다. 수치심과 열등감이 도저히 극복할 수 없는 수준이거나 지속적인 통증으로 고통받는 경우, 최후의 수단으로 소음순 부분 절제술을 시도해볼 수는 있으나 반드시 면밀한 진단과 주의가 필요하다.

성기 모양에 대한 고민으로 진료실을 찾은 여성들에게 다양한 형태의 실제 여성 성기 사진을 보여주면 대부분 자신도 정상임을 깨닫고 안심한다. 그들에게 필요한 건 검증도 안 된 성형술이 아니라 '당신은 정상이고 문제가 없다'라고 안심시켜주는 것이다. 소음순의 의학용어인 래비움 마이너labium minor라는 말 그대로 소음순은 아름답고 소중한 꽃잎이다.

········· 더 사랑하고 싶은 당신에게 ·········

성에 관한 위험한 착각

병원을 막 열었을 때와 비교해보면 지금은 많은 것이 변했다. 이제는 다양한 TV 채널에서 성에 관한 이야기를 솔직하게 드러내고 말하는 프로그램도 많아지고 사회 분위기도 개방된 것 같다. 인터넷의 발달로 성에 대한 지식과 정보도 늘었고, 자신의 문제를 오픈해서 상담하고 이야기하는 분위기도 만들어졌다. 물론 너무 선정적인 면은 부작용이라고 할 수 있겠지만 긍정적인 면도 많아졌다고 생각한다.

한데 자신의 문제를 제대로 들여다보지 않고 엉뚱한 데서 해결책을 찾으려는 사람들이 부지기수다. 성감을 좋게 하겠다고 질 입구의 크기를 줄이는 수술이나, 남성의 성기를 확대하고 보형물까지 넣는 등의 의학적 근거가 희박한 수술이 아직도 횡행하고 있다. 이는 모두 우리나라 사람들이 성에 관해 가지고 있는 '크기'에 대한 미신과 같은 오해 때문이다.

아내와 관계를 가질 때 질이 헐거워서 만족을 느끼지 못한다는 남편들이 있다. 아내가 성경험이 많아서, 혹은 출산으로 질 근육이 헐렁해졌다는 것이다. 하지만 질은 근육으로 둘러싸인 기능성 공간으로 크기라는 개념이 애초부터 없다. 여성의 질과 마찬가지로 괄약근으로 둘러싸인 항문이 대변을 많이 본다고 해서 늘어나지는 않는 것처럼 말이다.

질의 입구나 내부 전체의 사이즈를 줄이는 소위 '이쁜이수술'은 결론적으로 말해 미국산부인과협회에서 "이 수술은 의학적으로 검증되지 않았고 부작용 등에서도 검증이 안 돼 있으므로 공식적으로 수술을 권하지 않는다"라고 발표한 바 있다. 요즘은 많이 줄긴 했지만 조루 수술도 마찬가지다. 조루 수술은 약물 치료가 가장 일차적인 치료법인데 대부분 약물 치료만으로 해결이 된다. 그런데 괜히 수술을 했다가 소송까지 가는 경우가 있다. 자극적인 광고나 어설픈 비전문가의 조언을 따라 했다가 낭패를 보는 일은 없었으면 한다.

분노와 상실감이
만들어낸 병

"그 수술 이후로 여자로서의 삶은 완전히 끝나버렸어요."

자궁근종과 난소의 물혹으로 자궁과 양쪽 난소를 모두 떼어내는 수술을 받은 수현 씨는 격앙된 목소리로 그간의 일들을 이야기했다. 수현 씨는 외할머니와 어머니가 모두 난소암으로 세상을 떠난 가족 내 병력이 있는 분이었다.

5년 전, 수현 씨는 난소암 말기로 투병 중이던 친정어머니를 간병하던 중이었다. 늘 가족을 돌보느라 바빴던 친정어머니는 정작자신의 건강은 제대로 돌보지 못했고, 난소암이 커지고 복수가 차배가 불러오는 것을 그저 살이 찌나 보다 하고 무심히 넘겼다고한다. 가부장적이고 무뚝뚝했던 친정아버지는 한술 더 떠서 팔자가 좋아 살이 찐다고 타박까지 했다.

어머니의 증상이 아무래도 심상치 않아 병원에 모시고 갔더니 청천벽력으로 난소암 말기라는 진단이 나왔다. 부랴부랴 수술을 하고 투병을 시작했지만 이미 병은 돌이키기엔 너무 늦은 상태였고, 딸의 정성 어린 간병에도 불구하고 친정어머니의 병세는 나날이 악화되어 결국 안타깝게도 세상을 떠나고 말았다.

결혼한 이후 친정어머니의 건강을 챙겨드리지 못한 자기 자신에 대한 자책감에, 아내에게 평생 무심했던 이기적인 친정아버지에 대한 분노, 함께 살면서도 어머니 간병에는 나 몰라라 하는 친정 오빠 내외에 대한 원망까지 겹쳐 수현 씨는 한동안 마음이 너무 괴롭고 울적했다고 한다.

그리고 그녀는 외할머니도 난소암으로 돌아가셨다는 이야기를 어머니에게 전해듣고 덜컥 겁이 나서 산부인과를 찾아 검사를 해봤다. 그 결과 자궁에 근종이 있고 난소에 물혹이 있다는 말을 듣게 되었다. 자라 보고 놀란 가슴 솥뚜껑 보고 놀란다고, 어머니의 고통스러운 투병과 죽음을 지켜본 수현 씨는 적극적인 치료를 원했고, 담당 의사의 권유대로 자궁과 난소를 적출하는 수술을 받았다. 그런데 난소암에 대한 두려움에서 벗어나기 위해 받았던 수술 이후, 전혀 예기치 못한 문제가 수현 씨를 기다리고 있었다. 이전까지 문제가 없었던 성기능에 심각한 장애가 생긴 것이다.

"수술 이후 분비가 전혀 되지 않아요. 늘 있었던 흥분이나 오르가슴도 느끼기 힘들고, 좋기는커녕 아프기만 해요."

　걱정이 된 수현 씨는 수술을 한 담당 의사와 상의를 했다. 난소를 제거했으니 폐경이 된 셈이라 갱년기 증상이 나타나는 것이라는 얘기를 듣고 여성호르몬제를 처방받아 복용하기 시작했다. 하지만 여성호르몬제를 몇 개월을 복용하고 난 후에도 성기능은 제자리로 돌아오지 않았다. 당황한 수현 씨는 다시 의사를 찾았는데, 의사는 여성호르몬 상태는 이 정도면 괜찮은데 왜 그러느냐며 수현 씨가 집착이 심한 거라면서 나무랐다고 한다. 그녀는 괜히 자기가 성을 밝히는 여자가 된 것 같아 풀이 죽어서 더 이상은 증상을 개선시켜달라고 요구하지 못했다.

　그 후로 수현 씨의 삶은 180도 변했다. 남편과의 성생활에서 문제가 생긴 것뿐 아니라 매사 의욕이 없고 사는 게 재미없어졌다. 수술을 괜히 했다는 후회가 들어서 다시 병원에 찾아가 따져도 봤지만, 당시엔 그것이 최선의 조치였고 본인도 동의하지 않았느냐는 의사의 반론에 수현 씨도 할 말이 없었다. 죽음에 대한 두려움을 심어준 친정어머니도 원망스럽고, 어머니의 건강을 잘 살피지 못했던 친정아버지와 친정 가족들도 모두 미웠다. 자신이 수술 결정을 할 때 다른 병원도 한번 알아봐서 충분히 심사숙고하도록 말리지 않았다면서 죄 없는 남편에게 트집을 잡고 화를 내기도 했다. 보다 못한 자녀들은 화내고 원망하는 수현 씨에게 이제 그만 좀 하시라고 말리기도 했다. 하지만 수현 씨는 마음을 다잡을 수 없었다. 이 세상 그 누구도 자신을 이해하지 못하고 별난 여자 취급하는 것이 너무 서럽고 외로웠다. 그런 수현 씨가 5년 동안 여러 병원을 전전하다 우리를 찾아온 것이다.

몸과 마음은 연결돼 있다

수현 씨의 전반적인 성기능 저하의 원인을 평가하기 위해 자세히 문진하고 검사를 해봤는데, 일단 여자로서의 삶이 끝났다고 절망하던 수현 씨의 걱정과는 달리 성기능과 관련된 호르몬 검사에서는 심각한 문제가 없었다. 그간 수현 씨가 여성호르몬제를 처방받아 꾸준히 복용해왔기 때문에 난소가 없어도 여성호르몬 농도는 일반적인 갱년기 여성보다 오히려 괜찮은 수준이었다.

그렇다면 왜 수술 이후에 수현 씨의 성기능에 극단적인 변화가 온 것일까? 심리평가 결과 수현 씨는 심한 만성우울증이 있고 부정적 사고와 불안, 분노감이 심한 상태였다. 자궁 및 난소 적출 수술 이후 여성으로서 가장 상징적인 신체기관을 잃어버렸다는 상실감으로 인해 수현 씨는 극심한 우울감과 불안을 경험했다. 우울증에서 가장 먼저 그리고 가장 오랫동안 지속되는 증상 중 하나가 바로 성욕 저하를 포함한 전반적인 성기능의 저하다. 우울감뿐 아니라 불안이나 긴장도 성욕 저하나 분비 저하와 같은 성 흥분 반응을 떨어뜨릴 수 있고 이는 자연스레 오르가슴 등 성적 만족감의 저하로 이어진다.

몇 차례 성 반응이 예전 같지 않다는 것을 지각한 이후에는 수현 씨 스스로 성 반응에 집착하면서 불안이 더 심해졌고 이로 인해 흥분은 더 잘되지 않게 되었다. 마치 불면증이 있는 사람이 잠이 안 오면 불안해하고 잠에 집착하면서 더더욱 잠이 오지 않게 되는 악순환과 비슷한 메커니즘이다.

수현 씨의 우울증이 진단된 즉시 우울증 치료를 시작했다. 약물 치료와 꾸준한 면담 치료를 병행하며 서서히 우울증세는 호전되어 갔고 불안과 부정적인 사고방식도 개선되기 시작했다. 우울증이 호전되면서 기대대로 성욕도 서서히 되찾게 되고 성 흥분 반응도 점차 나아지기 시작했다. 여기에 성 치료를 통해 성적인 흥분 반응과 만족감을 강화시키는 훈련을 병행한 결과 성기능은 예전처럼 다시 만족스러운 상태로 회복이 되었다.

돌이켜보면 수현 씨는 여러 가지 힘든 일을 한꺼번에 겪었다. 어머니의 말기암 발병과 사망, 힘들었던 간병 기간, 가족 간의 갈등, 어머니와 유사한 병이 발견되어 급히 결정한 수술로 자궁과 난소를 잃은 경험, 갑작스레 찾아온 갱년기 등 거의 1~2년 사이에 인생에서 겪을 수 있는 극심한 스트레스를 동시다발적으로 경험한 것이다. 이로 인한 심한 우울증은 수현 씨의 생각을 부정적으로 바꿔놨다. 세상을 보는 그녀의 시각이 온통 부정적으로 바뀌면서 자신의 인생이 실패와 좌절과 후회로 가득 차 있다고 여기게 되었다.

엄밀히 말해서 수현 씨를 힘들게 괴롭힌 건 난소와 자궁 적출 수술로 인한 스트레스와 우울증이지 그 수술 자체가 아니었다. 안타까운 것은 이런 종류의 수술로 인한 스트레스와 상실감은 수현 씨의 경우처럼 가족들이나 담당 주치의도 대수롭지 않게 여기기 쉬워서 당사자가 괴로움을 호소해도 적절한 도움을 받기가 힘들 수 있다는 것이다. 수현 씨도 주변의 누군가가 그녀의 호소에 귀기울여주었거나 혹은 감정적인 어려움을 들어주고 제대로 도움을 줄 치료자를 만났더라면 5년이란 세월을 그렇게 고생하지는 않았을 것이다. 다행히 늦게라도 제대로 우울증을 치료받고 성기능도 회복하게 된 수현 씨는 앞으로는 몸 건강만이 아니라 마음의 건강도 잘 돌보겠노라 다짐했다.

"엄마처럼 꾹꾹 참고 고생만 하다 내 건강과 행복을 잃고 싶지 않아요. 그게 엄마가 제게 남겨준 뼈아픈 교훈이니 이제는 하루하루 더 즐겁고 행복하게 살아야겠단 생각이 드네요."

섹스리스 해결법이 한 가지가 아닌 이유

"이렇게만 하면 섹스리스가 해결된다, 이런 게 뭐 없을까요?"
진료실에서 만나는 분들이나 취재를 하러 온 기자들이나 우
리에게 자주 하는 질문이다. 섹스리스를 해결하는 확실한 방
법을 알고 싶어서 하는 말이겠지만 안타깝게도 원 솔루션은
없다. 섹스리스의 원인이 커플마다 다 다르고, 원인을 교정하
는 방법이 각기 다른데 그 해결 방법이 같을 수가 없는 게 당
연하지 않겠는가?

예를 들어 남편에게 발기부전 문제가 있어서 섹스리스가 된
경우의 해결책과 아내에게 출산 이후 성교통이 생기면서 유
발된 섹스리스의 해결책이 같을 수는 없다. 남편에게 발기부
전 문제가 있는 경우는 발기부전을 치료하는 것이 섹스리스
해결에서 가장 중요한 일이고, 아내의 성교통으로 인한 섹스
리스는 그 성교통을 치료하는 것으로 문제를 해결할 수 있다.
만약 부부 갈등이 너무 심해서 섹스리스가 된 것이라면 부부
갈등을 해결하는 것이 섹스리스를 해결하는 첫걸음이다. 또
한 보수적인 가정에서 자라 성에 대해 부정적인 인식을 가진
여성이 성관계에 적극적이지 않고 회피하면서 나타나는 섹스

리스 문제에는, 해당 여성의 성에 대한 인식을 바꿔주는 성교육과 성 치료가 필수적이다.

이렇듯 여러 가지 원인으로 생기는 섹스리스를 해결하는 방법은 각기 다를 수밖에 없는데도 '확실한 한 가지 방법'만을 고집하는 것은 문제를 해결하기는커녕 더 악화시킬 수도 있다. 단적인 예로 '토요일마다 하자'라는 식으로 잠자리를 갖는 날을 정해놓는 경우가 있는데, 이는 부부간 성관계가 의무처럼 느껴져 오히려 성욕을 떨어뜨릴 수 있다. 발기부전이나 성교통 같은 성기능 문제가 있을 때는 부담만 더 가중되어 성욕 저하에서 성 기피, 더 나아가 공포증까지 유발할 수 있으니 이런 방식은 절대로 삼가야 한다.

임신을 위해 배란기에 맞춰서 의무적으로 하는 성관계도 문제다. 잠자리를 갖기로 한 날에 심리 상태나 몸 컨디션이 안 좋을 수도 있고, 직장에서 받은 업무 스트레스나 가사, 양육과 관련된 상황의 변수가 있는데도 무조건 '이날, 몇 번'을 약속해 지킨다는 건 또 다른 스트레스일 수밖에 없다.

그래도 한 가지 확실한 솔루션을 찾고자 한다면 두 사람이 같이 시간을 보내는 타임셰어링을 권하고 싶다.

혼　자　만　의
아　픔　은　없　다

미경 씨는 몸이 너무 아프다며 내원했다. 보통은 몸이 아프다고 우리 병원을 찾아오지는 않는데 무슨 사연이 있는 건지 궁금했다.

"차라리 죽는 게 나을 것 같다는 생각이 들 정도로 고통스러워요. 그런데 병원에 가면 아무 이상이 없다고 해요. 심지어 제가 정신이 이상하다는 식으로 얘기하기도 하더라고요."

어디가 아프냐고 물어봤더니 그녀가 잠시 머뭇거린다.

"말씀드리기 부끄럽지만…… 거기가 아파요."

미경 씨에게 질 내부에 뭐가 걸린 것 같은 통증이 시작된 것은 3~4년 전 일이라고 했다. 당시에 주변 상황에 뭔가 변화가 있거나 스트레스를 받은 일이 있었는지 물었더니 전혀 없다고 했다.

"스트레스는 최근에 받았어요. 그러고 보니 치매에 걸린 어머니를 모시는 문제로 작년부터 시댁과 갈등이 생기고 남편하고도 불편해지면서 통증이 더 심해진 것 같긴 해요. 이러다 죽는 거 아닐까 싶을 정도로 힘들어요. 통증이 시작되면 병원 응급실에 달려가기도 하는데, 검사를 해도 아무 이상이 없대요. 몇 번 반복하니까 응급실 의사가 저더러 정신과 치료를 받으라고 하면서 이상한 사람 취급만 하고…….”

미경 씨는 엄격한 가정에서 보수적으로 자란 50대 여성이었다. 젊었을 때는 상당한 미인이었을 것 같은 그녀는 대학 졸업반 시절 소개로 만난 남편과 짧은 교제 끝에 결혼했다. 남편은 집안 좋고 학벌 좋고 능력 있는 소위 엄친아였고, 여러모로 빠질 것 없는 신랑감이었다. 주변에서는 미경 씨가 부잣집의 능력남에게 시집을 간다며 부러워했다.

그런데 문제는 결혼을 하고 나서부터였다. 시어머니 밑에서 ‘너는 그저 공부만 열심히 하면 된다’는 소리를 들으며 늘 우등생이자 말 잘 듣는 아들로 자란 남편은, 직장에서 열심히 일하는 것 말고는 집에 와서 할 줄 아는 게 아무것도 없었다. 전구를 가는 것부터 자녀 양육, 집안 대소사까지 남편은 집안일에 전혀 관여하지 않았고 자연스레 모든 일은 아내인 미경 씨 몫이었다. 꼼꼼한 완벽주의자인 미경 씨는 혹시나 시댁에서 말이라도 들을까 봐 철두철미하게 모든 일을 잘 해내려 했고 열심히 하는 만큼 시어머니의 인정도 받으니 더더욱 애를 썼다.

　하지만 세상에 완벽한 사람은 없다고 했던가? 착하고 과묵한 남편은 스트레스를 술로 푸는지 나이가 들수록 술 마시는 횟수가 늘더니 거의 매일 술을 마시기 시작했다. 술을 마신다고 주사를 부리거나 난폭해지지는 않았지만 평소보다 목소리가 커지고 말이 많아지는 남편의 흐트러진 모습이 미경 씨는 영 못마땅했다. 술 먹고 늦게 들어오는 것도 불만인데 설상가상으로 남편이 술 마시는 횟수가 잦아지면서 부부 관계는 점점 더 멀어졌다. 나이는 드는데 술까지 많이 마셔대니 원래도 소극적인 남편 탓에 활발하지 못했던 부부의 성생활은 아예 끊겨버렸다.

　겉으로는 남부러울 것 없어 보이는 미경 씨가 절절한 외로움과 싸우고 있을 무렵, 적적한 마음에 나간 모임에서 옛 동창을 만났다. 이전부터 미경 씨에게 호감을 갖고 있던 동창은 열렬하게 미경 씨에게 구애했고 결국 두 사람은 연인 관계로 발전해 넘지 말아야 할 선을 넘고 말았다. 남편은 미경 씨가 몇 년이나 외도한 사실을 전혀 모를 정도로 오직 일과 술에 빠져 살았다.

　미경 씨는 연인과의 관계에서 위안을 얻으면서도 늘 남편에 대한 죄책감에 시달렸다. 그러던 중 어느 날인가부터 미경 씨에게 바로 그 통증이 시작되었다. 처음에는 불편한 느낌 정도였는데 그즈음부터 시작된 갱년기 때문에 그런 것이라고 생각했다. 그녀는 뭔가 꺼림칙한 생각에 연인에게도 결별을 선언했다. 산부인과에도 가봤지만 온갖 검진에 검사를 받아봐도 별다른 이상은 없다고 했다. 그런데도 통증은 점점 더해만 갔다.

"한번 통증이 시작되면 죽을 것 같아요. 내가 벌을 받는다는 생각도 들고…… 나를 외롭게 만들었던 남편이 원망스럽기도 하고…… 차라리 죽는 게 낫다는 생각이 들기도 합니다. 여기저기 안 가본 병원이 없어요. 정신과에서 약물 치료도 받은 적이 있는데 잠깐 도움이 되는 듯하더니 다시 그대로예요. 제발 저 좀 살려주세요."

통증의 원인을 찾기 위해 자세한 문진과 검사를 해본 결과 미경 씨는 신체적인 문제와 정신적인 문제를 동시에 가지고 있었다. 갱년기로 접어들며 호르몬 분비 저하로 위축되고 염증이 생긴 질 내 상태와 자책감과 불안으로 인한 스트레스가 합해져 공황 상태를 유발했고, 이런 증상들은 최근의 시댁 갈등으로 인한 우울증이 동반되면서 더 심해진 것이었다.

미경 씨에게 진단을 내려주고 남편과 함께 병원에 오라고 권했는데, 그녀는 남편이 너무 바빠 내원하기가 힘들고 남편에게 자세한 내용을 알게 하고 싶지도 않다며 꺼려했다. 치료에서 가장 중요한 부분이라고 해도 설득이 잘 안 되었다. 급한 대로 일단 치료를 시작했다. 미경 씨의 상태는 위축성질염을 치료하고 공황장애와 우울증을 같이 치료하면서 점점 호전되긴 했다. 그러나 어느 정도 이상 호전되고 난 뒤로는 더 이상 진전이 없었다. 다시 남편을 호출했다. 일이 바쁘다며 불만에 찬 표정으로 병원에 온 남편에게 치료에 절대적으로 필요한 건 남편의 협조라고 했더니, 그는 처음에는 납득하지 못했다. 그간의 자신을 돌아보고 아내에게 신경도 많이 쓰고 있다면서 그 이상 뭘 더 해줘야 되느냐며 볼멘소리를 했다.

"진단은 질염에 우울증, 공황장애이고 약물과 면담 치료도 하고 있지만, 치료에서 가장 중요한 것은 병의 근본 원인이 무엇인지를 알고 그 부분을 교정해주는 겁니다. 이 병을 유발한 가장 큰 원인은 바로 남편분과의 관계입니다. 그 관계를 회복하지 않으면 아내분의 상태가 좋아지는 데 한계가 있을 것이고 재발을 반복할지도 몰라요."

미경 씨의 특별한 증상은 신체적인 원인도 있었지만, 정신분석적으로 따져보면 통증은 외도를 한 자신에게 스스로 내리는 처벌이자 남편의 관심을 받는 방편이기도 했다. 증상이 없어지면 남편과의 관계가 다시 예전처럼 돌아갈까 봐 두려운 마음이 남아 있는 상태에서는 증상이 개선되는 데 한계가 있을 수밖에 없다.

왜 부부가 함께 치료받아야 할까

더불어 남편의 문제점도 짚어보기 시작했다. 남편의 수동적인 성격은 술을 마신다고 해결될 게 아니다. 술 자체는 남편의 신체적 건강에도 바람직하지 않고 남성호르몬 분비 및 혈관을 포함한 전신 상태에도 악영향을 끼쳐 성기능에도 치명적이다. 남편이 술을 많이 마시기 시작한 시점에 부부 관계가 더 힘들어진 것도 상관관계가 있었던 것이다. 아내의 병을 치료하는 건데 자기가 왜 병원에 와야 하느냐고 하던 남편은 그제야 자신이 호출된 이유를 이해했다. 그리고 자신의 문제도 솔직히 털어놓았다.

"일에서 성공해야 한다는 압박에 스트레스도 심했고 예전부터 성기능에도 자신이 없었습니다. 아내가 싫은 건 아닌데 잘되지 않으니 더 긴장이 되고 그럴수록 상태는 더 나빠지더라고요. 술로 긴장을 풀려고 해봤는데 처음엔 좀 도움이 되는 것 같더니 갈수록 더 많이 마셔야했고 성기능은 점점 더 나빠져만 갔어요. 회사 일 핑계 대고 술 먹고 집에 늦게 들어오고 한 건 사실 아내와의 잠자리를 피하고 싶어서 그랬던 것이기도 합니다."

남편인 우진 씨의 성기능 문제와 술에 대한 의존도는 긴장 완화와 스트레스 관리, 절주와 성 치료를 통해 많이 호전되었다. 자신감을 찾은 우진 씨가 아내와의 섹스리스 상태를 벗어나고 부부 갈등이 호전되면서 미경 씨의 상태는 눈에 띄게 좋아졌다.

미경 씨의 경우처럼 아내에게 문제가 있는 경우 남편에게도 그와 상응하는 문제가 있을 가능성이 상당히 높다. 우리가 경험하는 증상은 신체적인 원인으로 생기기도 하지만, 신기하게도 내적인 갈등의 상징처럼 나타나는 경우도 많다.

미경 씨의 경우는 남편에게 관심을 받고 싶은 애정 욕구와 외도에 대한 죄책감과 불안, 성적·정서적 욕구불만, 갱년기로 인한 신체적 변화와 그에 대한 두려움 등이 혼합되어 특이한 증상이 나타났다고 할 수 있다. 이에 앞서 남편 우진 씨의 성기능 저하와 정서적인 거리감은 부부 관계가 소원해지는 발단이 되는 중요한 출발점이었다.

부부 사이에서 성적인 면이건 정서적인 면이건 다 잘 해결이 되는 선순환이 이뤄지게 되면 문제가 생길 소지는 줄어든다. 그러나 어느 한쪽이라도 문제가 생기면 파트너인 배우자는 영향을 받을 수밖에 없다. 그래서 부부의 문제는 부부를 한 단위로 생각하고 같이 치료하는 것이 바람직하다. 미경 씨의 경우처럼 원인 제공자보다는 그 배우자에게서 더 심한 증상이 나타나기도 하니 말이다.

결과적으로 남편 우진 씨는 아내 덕분에 자신의 성기능 문제도 해결하고, 더 나아가 정신적·신체적인 건강 상태도 훨씬 좋아지는 전환점을 갖게 되었다. 아픈 배우자를 돌보는 것은 결국 나를 돌보는 것이나 다름없다.

부담스러워 말고 다양성을 즐겨라

① 전희를 활용하라

잠자리에서 아내를 만족시키는 가장 확실한 방법은 무엇일까. 킨제이연구소의 2대 소장이었던 폴 게버드 박사는 여성이 오르가슴을 잘 느끼게 하는 방법에 대해 연구했다. 그중 가장 확실한 것이 바로 전희였다. 남성과 여성이 삽입 성행위를 하기 전에 21분 이상 전희를 했을 때 여성이 오르가슴을 느끼는 경우가 그렇지 않은 경우에 비해서 세 배 이상 늘어난다고 한다. 여성이 남성을 자극하는 시간까지 포함해서 21분 이상이면 여성이 성적인 만족을 더 잘 느낀다고 밝혀진 것이다. 남성들은 흔히 성기 사이즈나 삽입 성행위의 시간이 여성을 만족시킨다고 생각하지만, 여성들은 삽입 성행위 이전 단계의 부드러운 자극으로 충분히 흥분되는 게 매우 중요하다.

생물학적으로 남성과 여성의 성 반응 속도는 차이가 난다. 남성은 굉장히 빠르고 여성은 느리다. 그런데도 남성은 자신이 준비가 되면 상대방도 준비가 되었다고 생각하고, 빨리 다음 단계로 넘어가려는 경향이 있다. 하지만 여성 입장에서는 초기에 흥분이 안 된 상태에서 센 자극을 주는 것보다는 조금

부드러운 자극부터 시작해서, 천천히 이완도 하면서 점점 강렬한 자극으로 가는 것이 좋다. 그 속도의 차이를 남성들이 감안해야 한다.

한데 전희가 여성만을 위한 것은 아니다. 남성에게도 적절한 전희가 발기력을 좀 더 안정적으로 만들어줄 수 있다. 그리고 자연스럽게 성 흥분 반응을 이끌어내면 욕구를 강화시키거나 흥분의 강도를 좀 더 높여주기도 한다. 남편이 피곤한 상태일 때는 아내가 요구한다고 남편이 바로 준비가 되는 건 아니다. 그럴 때 전희를 잘 활용하는 게 좋다.

② 모험 정신을 가져라

신혼 때는 별문제 없었는데 나이가 들수록 배우자와 성적으로 맞지 않다고 얘기하는 사람들이 많다. 이는 서로 맞추려는 노력을 하지 않은 탓이 크다. 무엇보다 우리나라 사람들은 성적 다양성이 취약한 편이다.

"가족하고 무슨 재미로 해? 항상 똑같은데."

이렇게들 말하곤 하는데, 전 세계에서 일본과 우리나라가 섹스리스 1등 국가로 꼽힌다. 다른 나라를 보면 대부분의 성생활을 부부나 애인과 한다. 성매매 업소도 없는데 그들은 어떻게 잘 지낼 수 있을까? 그만큼 부부간의 다양한 성생활을 즐기기 위해 노력을 하는 것이다.

우리나라 부부들은 너무 똑같은 패턴의 섹스만을 고집한다. 입술-가슴-삽입을 철칙처럼 지킨다. 만날 그러면 질리는 게 당연하지 않은가. 체위의 다양성만이 문제가 아니라, 부부끼리 여유와 열정을 가지고 이렇게도 해보고 저렇게도 해보는 모험 정신을 가질 필요가 있다.

조금만 생각해보면 변화를 줄 수 있는 부분은 무궁무진하다. 오늘은 가슴과 허벅지를 애무했다면 내일은 귀와 허리를 자극하는 등 자극하는 성감대를 달리해보는 것이다. 아니면 자극하는 방법을 바꾸거나 환경에 변화를 줄 수도 있다. 한 번쯤 집 밖에서 만나 근사한 저녁과 와인을 한잔하고 모텔을 가보는 것도 방법이다. 부부만의 여행을 떠나도 좋다. 또 섹스를 밤에만 하란 법이 있는가? 아침 섹스, 한낮 섹스를 할 수도 있다.

부부가 진정한 성을 즐기려면 성적 완벽주의 또한 경계해야 한다. 매번 잠자리를 할 때마다 오르가슴을 느끼게 하려고 애쓰다 보면 오히려 잠자리가 부담스러워져 피하게 된다. 어떤 날은 진한 애무만으로 애타게 할 수도 있고, 어떤 날은 침대에서 마사지만 하거나 뒹굴뒹굴하면서 편안하게 밤을 보낼 수도 있다.

비뚤어진 애정 결핍으로
인 한 섹 스 중 독

현우 씨는 첫인상이 참 좋았다. 단정한 헤어스타일과 깔끔한 옷차림, 조용하고 약간 수줍은 듯한 표정과 한 번씩 보이는 미소는 여성들이 이상적으로 생각하는 호감형 남성의 이미지에 부합했다. 학창 시절 선생님들에게 칭찬만 들었을 것 같은 전형적인 모범생의 모습이었다.

그런데 그의 아내가 밝힌 사연은 저렇게 성실해 보이는 사람이 정말 그랬을까 싶을 만큼 충격적이었다. 현우 씨는 주로 성매매 여성들과 이루어지는 반복되는 외도와 엄청난 양의 야동 수집을 아내에게 들켜 심각한 갈등 상황에 있었다. 그리고 신혼 초부터 현우 씨의 성욕 저하와 회피로 시작된 고질적인 부부간 섹스리스 문제도 갖고 있었다. 아내의 말을 듣고 그게 사실인지를 묻자 현우 씨는 고개를 끄덕였다. 아내가 병원까지 와서 거짓말을 할 리 만무하지만, 현우 씨의 인상과 그의 사연이 너무나 동떨어져 보여서 믿기지 않을 정도였다.

현우 씨의 어린 시절에 대한 이야기를 들어보니 실제로 그는 학창 시절 늘 일등을 놓치지 않던 우등생이었고 리더십이 있어 반장을 도맡아 했으며 외모도 준수해 친구들과 여학생들에게 인기가 많았다고 한다.

그런데 부모님에 대한 이야기를 꺼내자 갑자기 그의 표정이 어두워졌다. 현우 씨의 아버지와 어머니는 아들에게 스킨십이나 애정 표현을 한 적이 거의 없었다고 한다. 집안 분위기가 워낙 보수적이고 경직되어 있기도 했지만 아버지의 사업 부도로 경제적으로 힘들어지면서 상황은 더 악화돼 아버지 얼굴도 거의 보지 못하게 됐고 어머니는 늘 근심 어린 표정으로 아들을 대했다. 부모님은 공부를 잘하는 모범생 아들 현우 씨를 대견스럽게 여기긴 했지만 그의 내면이나 감정에는 별 관심이 없었다. 행여 현우 씨가 잘못이라도 하면 어머니는 가차 없는 비난과 체벌을 아들에게 가했다. 그는 돌이켜보니 슬픔이나 불안, 외로움 같은 감정을 서로 주고받은 경험은 부모님과의 사이에도 없었지만, 친구 사이에도 없었던 것 같다고 했다.

"그저 공부 잘하고 반장이 되고 칭찬을 받으면 된다고 생각했지, 제 감정에 대해서는 누가 물어보지도 않았고 저 스스로 표현한 적도 없었어요."

겉으로 보기에만 근사할 뿐 삭막하고 외로운 그의 내면 세계는 그렇게 형성되었던 것 같다.

어려서부터 부모님을 따라 교회를 다니며 나름 성실한 기독교 신자였던 현우 씨는 여학생들에게 인기 있는 교회 오빠기도 했다. 그러나 대학에 들어가기 전에는 공부에 방해가 되니 이성 교제는 자제하라는 부모님의 충고와, 성에 대한 욕구와 호기심을 죄악시하던 교회 분위기는 그를 성적으로 무지하고 억압된 사람으로 만들었다.

학교 성적에 대한 부모의 높은 기대는 그를 압박했고 현우 씨는 시험을 볼 때 늘 불안감으로 실력 발휘를 제대로 하지 못했다. 그는 결국 대학 입시에서 기대에 미치지 못한 성적으로 원하는 학교에 진학하지 못했고, 결국 심한 우울증에 빠졌다. 그러나 아무도 그가 우울증을 앓고 있다는 사실을 몰랐다. 그는 사람들 만나는 일을 피하고 혼자만의 세계로 빠져들었다.

그러던 그의 인생이 더 뒤틀리기 시작한 건 스무 살 무렵, 술자리에서 학교 선배들을 따라 멋도 모르고 가게 된 성매매 업소에서 첫 성경험을 하면서부터였다. 여자와 제대로 된 데이트도 한번 해보지 못했던 현우 씨에게 성매매 여성과의 첫 성경험은 이전까지 제대로 느껴보지 못한 따뜻한 스킨십과 강렬한 육체적 쾌감, 두려움과 죄책감 등 복잡한 감정들과 뒤섞여 그를 온통 뒤흔들어 놓았다.

그리고 그날 이후, 그는 성매매 여성을 스스로 찾아가기 시작했다. 학생이라 돈이 없었으므로 열심히 아르바이트를 해서 돈을 어느 정도 모으면 성매매를 하러 갔다. 막상 성매매를 하고 나면 후회와 환멸이 밀려왔지만 시간이 지나면 다시 그 쾌감이 그리워졌다. 잘못된 일인 줄 알면서도 또 성매매를 하러 가고, 다녀와서는 엄청난 자책을 하며 교회에서 참회 기도를 하는 일을 반복했다. 스스로 멈추기가 힘들었다.

이런 현우 씨가 아내를 만나면서 이제는 악마의 유혹에서 벗어날 줄 알았다고 한다. 교회에서 만난 아내는 현우 씨가 바라던 모든 것을 갖춘 여성이었다. 예쁜 외모에 세련된 태도, 무난한 성격과 안정적인 가정 환경 모두 다 마음에 들었다. 그는 아내에게 열렬히 구애했고 6개월도 채 되지 않아 결혼을 했다. 그러나 결혼 생활은 현우 씨가 기대했던 대로 흘러가지 않았다. 한참 좋을 신혼인데 이상하게 아내에게 성욕이 점점 줄어들었고 이전에 아무 문제없던 발기도 잘되지 않기 시작했다. 이런 문제는 아내가 임신하면서 더 악화되었고 자연스레 부부는 섹스리스 상태가 되었다.

그리고 현우 씨 안에 있던 악마가 다시 깨어나기 시작했다.

처음에는 성매매를 한다는 사실에 아내에게도 자신에게도 죄책감이 들었지만 몇 번 반복이 되면서 이전처럼 무뎌져갔다. 처음에는 아내에게 들키지 않으려 애썼는데 시간이 지나고 횟수가 반복되면서 결국 아내에게 발각이 되었다. 놀란 아내에게 용서를 빌며 다시는 그러지 않겠노라 각서까지 썼지만, 현우 씨의 일탈적인 성매매는 반복되었다. 급기야 치료를 권유하기 시작한 아내의 설득에 병원을 찾게 된 것이다.

섹스중독에 동반되는 질환

현우 씨와 같은 섹스중독자들은 점점 더 늘어나고 있다. 사실 섹스중독자는 예전부터 있었다. 옛날에는 이를 '병'으로 인식하지 못했을 뿐이다. 그래서인지 아직도 상당수의 섹스중독자들은 자신의 병을 인정하지 않는다. 하지만 당사자뿐 아니라 배우자와 가족 등 주변의 많은 사람들이 그로 인해 고통받고 여러 가지 문제를 야기하기 때문에 섹스중독은 반드시 치료가 필요하다.

그럼 어디까지가 섹스중독일까. 가정이나 배우자와의 관계를 훼손하면서까지 반복적으로 외도에 집착하거나, 퇴폐 사이트에 가입해 글을 올리거나, 야동 사이트에서 동영상을 다운받아 과도하게 모아두는 것도 해당된다. 아내와의 성행위보다는 야동을 통한 자위에만 심취하거나, 알코올·약물·도박·게임중독 등의 증상이 함께 있거나, 외도나 성매매로 재산을 탕진하거나, 회사 생활 등 사회생활에 곤란을 초래할 정도라면 섹스중독으로 보는 게 맞고 전문적 치료를 요한다.

섹스중독자들은 공허감, 스트레스, 갈등 상황에 있을 때 그 해결책으로 섹스를 선택하는 경향이 있다. 한마디로 자기 위로의 '자위'다. 갈등과 위기에서 이를 직면하기보다 성적인 판타지나 섹스에 대한 생각과 행동으로 도피하는 것인데 어찌 보면 비뚤어진 형태의 문제 해결 방식인 셈이다. 그러나 안타깝게도 문제는 해결되지 않고 오히려 배우자와의 갈등, 명예의 실추, 경제적 문제, 성매매 같은 범법 행위에 따른 법적 처벌 등 더 큰 문제들에 봉착하게 된다.

이와 더불어 섹스중독은 동반 질환이 많다. 우울증, 조울증과 같은 기분장애에서부터 불안, 강박증, 성도착증, 다양한 성격장애, 심지어 조현병이 동반되기도 한다. 또한 섹스중독자의 80퍼센트 정도에서 알코올이나 다른 약물중독이 동반되는 것으로 보고된다.

섹스중독의 치료에서 성 충동이나 성욕을 억제하는 것은 중요한 치료 목표 중 하나다. 이를 위해 약물이나 교육을 하는 것도 중요하지만 성 충동만 억제한다고 해서 섹스중독이 완치되기는 어렵다. 그들의 결함인 공허감과 불안정한 관계를 안정적 관계로 되돌리는 '재활'이 근본적인 치료에서 중요한데 인식 부족과 치료 기간과 비용에 대한 부담으로 간과되는 경우가 많다.

현우 씨는 심리검사 결과 심한 강박증과 우울증이 동반되었고 충동 조절에도 어려움이 있어 약물 치료를 시작했다. 그리고 아내와 함께 부부 치료와 성 치료를 받으면서 조금씩 부부 관계를 개선해나갔다. 그러나 그의 내면에 깊은 상처를 남긴 어린 시절 부모와의 관계에서 받은 트라우마는 단기간에 쉽게 나아질 문제가 아니었다. 현우 씨는 지금도 개인 면담 치료를 받고 있고 당분간 지속할 예정이다. 그에게는 인간관계에서 상대방과의 기본적 신뢰를 지속적으로 쌓아가는 경험이 중요하기에 그 작업을 계속하고 있는 중이다.

미국의 통계를 보면 대략 5퍼센트의 인구가 섹스중독으로 보고된다. 우리나라는 이보다 더 심할 가능성이 크다. 인터넷의 발달로 접근성이 용이해지고 무분별해진 성매매, SNS 등으로 의사소통하는 세대가 늘어나면서 깊이 있고 장기적인 대인관계에 대한 기술이나 요구가 떨어지는 점 등을 고려할 때 우리나라에서 섹스중독자들은 계속 늘어날 가능성이 높다. 그런 그들의 섹스중독은 현우 씨가 한 말처럼 비뚤어진 애정 결핍의 한 단면일 수도 있다.

"어쩌면 성적인 쾌감보다 누군가를 안고 있는 그 따뜻함이 그리웠는지도 모르겠어요. 애정 결핍처럼 말이죠."

목이 마르다고 바닷물을 마시면 잠깐은 좀 나아지는 것 같지만 갈증은 해소되지 않고 오히려 더 심해진다. 그 갈증을 없애려 바닷물을 들이켜길 반복하면 몸속의 나트륨 수치가 점점 더 높아져 죽을 수도 있는 위험에 빠진다. 애정 결핍을 반복된 섹스로 해결하려는 섹스중독자들도 이와 똑같다.

더 사랑하고 싶은 당신에게

왜곡된 성의 폐해

성에 대해 무조건 억압하는 건 문제가 있지만, 그래도 적절하게 도덕적인 면은 있어야 한다. 한데 너무 어린 시절에 성인들이 성을 사고파는 모습을 목격한 경우, 성에 대한 윤리의식이라든지 도덕적인 기준이 완전히 무너지게 된다. 만약 청소년기에 그러한 경험을 하게 되면 성인이 되어선 더욱 혼란스러울 수 있고, 성생활이 바람직하지 않은 쪽으로 이뤄질 수 있다.

전문가 입장에서 조건 만남이나 성매매가 안타깝기 그지없다. 성이라는 것은 상대방으로부터 자신을 인정받고 그렇게 형성된 관계를 기반으로 구애하고 또 상대방을 받아들이는 과정에서 존재하는 것인데, 성을 사고판다는 건 그러한 인간관계를 사고판다는 걸 의미하기 때문이다.

실제로 우리 병원을 찾았던 섹스중독 환자 중 한 사람의 말이 기억에 남는다. 치료 후 아내와의 건강한 성생활이 가능해진 그는 이렇게 말했다.

"사랑하는 사람과 감정을 주고받는 게 진정한 사랑이라는 걸 알게 됐어요. 영혼 없는 육체적인 쾌락이 얼마나 허무했는지를 깨닫게 되었죠."

아내 앞에서만 작아지는
그 남자의 말 못 할 속사정

"아내와의 잠자리가 이젠 무서워요. 예전에 먼저 결혼한 선배들이 아내가 샤워하는 소리만 들어도 무섭다고 했던 게 웃자고 하는 소리인 줄 알았는데 제가 이럴 줄은 몰랐습니다."

어여쁜 여자 친구 연진 씨와 1년 열애 끝에 결혼한 윤호 씨. 그는 어느 날 갑자기 닥쳐온 발기부전 때문에 소위 '멘붕' 상태가 되었다.

빼어난 미모를 지닌 연진 씨는 결혼 전에 따라다니는 남자들이 많았고, 처음에는 윤호 씨의 구애를 받아주지 않아 그의 속을 태웠더랬다. 마침내 연진 씨가 그의 구애를 받아주던 날, 윤호 씨는 너무 기뻐서 밤잠을 설치기도 했다. 그 많은 경쟁자들을 물리치고 승자가 된 것 같은 성취감도 느꼈고, 데이트할 때 그녀와 같이 길

을 걸으면 뭇 남성들이 자신을 부러워하며 쳐다보는 것 같은 시선
도 뿌듯하기만 했다.

　연진 씨는 요즘 세상에 보기 드물게 혼전순결을 지키고 싶어 했
는데, 윤호 씨는 그런 그녀가 더더욱 사랑스러웠다. 온 세상이 내
것인 것만 같고 더 바랄 게 없다고 느꼈던 그에게 비극이 시작된
것은 아이러니컬하게도 가장 행복해야 할 신혼여행이었다.

　연진 씨가 첫 경험이라며 잔뜩 긴장을 하자 윤호 씨도 덩달아
긴장이 되었다. 안 그래도 결혼 준비로 한 달 가까이 바쁘고 피곤
하게 보내다 정신없이 결혼식을 마치고 나서 비행기로 지구 반 바
퀴를 돌아 먼 이국에서 치르는 첫날밤. 윤호 씨의 컨디션은 영 엉
망이었다. 긴장을 덜고 용기를 내기 위해 술기운도 좀 빌려보았지
만 윤호 씨의 몸은 도무지 말을 듣지 않았다. 마음이 급해 조바심
을 내면 낼수록 요지부동이었다.

　결국 그는 너무 피곤해서 그런가 보다 하고 그냥 자자고 돌아
누웠다. 하지만 남자의 자존심이 구겨진 것 같아 창피하면서 한편
으론 화가 나기도 해서 첫날밤을 내내 뜬눈으로 지새웠다. 그다음
날 그는 심기일전해서 다시 성관계를 시도했다. 그런데 또 발기가
되지 않았다. 그리고 그다음 날도, 또 그다음 날도 마찬가지였다.
한 번 발기가 안 되니 또 안 되면 어떡하나 하는 불안감이 생겨서
더욱 어렵기만 했다.

그렇다고 윤호 씨가 성경험이 전혀 없었던 것도 아니다. 과거에 사귀던 여자 친구와 아무 문제없이 성관계를 가졌고, 한 번씩 친구들과 어울려 클럽에서 만난 낯선 여성과 원 나이트 스탠드를 할 때도 문제가 없었다. 행여나 싶어 자위를 해봤는데 그때는 발기가 잘되었다. 유독 아내 앞에서만 안 되는 것이었다. 도대체 왜? 그렇게 공들여 만난 미모의 아내를 두고 이런 말도 안 되는 일이 생긴 것일까?

잘하고 싶은 마음 때문에

윤호 씨처럼 특정인이나 특정 상황에서 발기가 안 되는 경우를 '상황성 발기부전'이라 한다. 실제로 호르몬이나 혈관의 문제처럼 신체적인 원인으로 생긴 발기부전은 특정 상황과 관련 없이 지속적으로 발기가 잘 안 된다. 윤호 씨의 검사 결과도 신체적인 발기 반응은 전혀 문제가 없는 것으로 나타났다. 신체적으로 특별한 문제가 없는 심인성 발기부전은 40대 이전 남성에서 나타나는 발기부전의 대다수를 차지하는 비교적 흔한 문제다.

윤호 씨는 완벽주의자 스타일로, 자기가 원하는 것은 꼭 이뤄야 할 정도로 성취욕이 대단했다. 회사에서도 업무 처리를 빠르게 잘 해내기로 유명했고 경쟁에서 도태될까 봐 회식 자리도 절대 빠지지 않았다. 이제 결혼을 하고 가장이 되었으니 더욱 열심히 일하고 성공해야 한다는 압박감도 커졌다. 그는 신혼여행으로 일주일간 휴가를 다녀오면 회사 일에 차질이 생길까 봐 결혼식을 앞두고 며칠 동안 야근을 했다. 그리고 순결하고 아름다운 아내에게 신혼 첫날밤에 성적으로도 강하고 완벽한 남자의 모습을 보여주고 싶었다. 그런데 그 간절한 마음이 바로 화근이 되었다.

성관계를 할 때 반드시 이번에 잘해야 한다거나 혹시 실패하면 어쩌나 하면서 불안해하고 긴장하게 되면 우리 몸의 교감신경이 항진되고 코르티솔과 아드레날린의 분비가 증가한다. 이는 발기 반응을 오히려 저해시킨다. 그리고 이런 상태가 반복되다 보면 상황성 또는 심인성 발기부전으로 악화된다.

코르티솔은 신장의 부속기관인 부신에서 분비되는 위기관리 호르몬으로, 흔히 심신의 스트레스 상태에서 상승한다. 코르티솔은 위기에 대항해 몸이 최대한 에너지를 낼 수 있도록 혈압을 올리고 포도당 수치를 높인다. 사랑하는 아내에게 인정받으려는 남성의 강한 욕구는 엄청난 스트레스로 작용해 마치 위기에 빠졌을 때와 유사한 심신의 반응을 만드는 것이다.

이러한 심인성 발기부전을 초래하는 다른 상황도 있다. 남성이 상대 여성에게 심한 열등감을 느낀다든지 여성이 지속적으로 미온적인 태도를 보이거나 남성의 무능이나 실수에 대해 비난을 일

삼는 경우, 남성의 위기 반응은 계속되고 발기부전도 지속된다.

윤호 씨의 경우엔 첫날밤에 성경험이 없는 아내 앞에서 같이 긴장을 한 탓도 있지만, 그간 결혼 준비로 쌓인 피로감과 시차 변화 등으로 자율신경계가 불안정해진 상태인 데다 술로 인해 발기 반응이 더 억제되어 갑작스레 발기가 안 되는 현상이 생겼다. 설상가상으로 그 후 며칠간 반복해서 발기가 안 되는 경험을 하면서 일종의 조건반사처럼 악순환의 고리에 빠져 발기부전이 굳어져버린 것이다.

아내인 연진 씨는 보수적인 가정에서 자라 성경험이 전무한 데다 실제 성관계에서 어떻게 해야 할지도 모르겠고 겁도 나서 성관계를 피하거나 관계 시에 경직된 반응을 보였다. 그런데 윤호 씨는 아내가 그런 태도를 취하는 게 자신에게 실망해서 냉담한 모습을 보이는 것이라고 오해했다. 두 사람 모두 성에 대해 말하는 것을 너무 부끄러워하고 수치스럽게 여겨 대화를 회피한 것이 문제를 더 키운 것이다.

몇 군데 병원을 찾았지만 그는 아무 이상이 없다는 말만 들었다. 처방받은 발기유발제를 복용해도 아내 앞에서는 여전히 고개 숙인 남자였던 윤호 씨는 결국 우리를 찾아오게 되었고, 상황성 발기부전 진단을 받았다. 본격적인 치료가 시작되자 우리는 아내 연진 씨도 병원에 같이 와줄 것을 권유했다. 윤호 씨와 연진 씨는 서로의 성감을 찾고 흥분을 끌어내는 훈련을 반복했고 그러면서 적절한 성적인 흥분 즉 윤호 씨의 발기 반응이 다시 잘 나타나기 시작했다. 그리고 그 과정에서 덩달아 아내의 성적인 억제도 함께 치료할 수 있었다.

"지나고 보니 제가 꼭 무슨 늪에 빠졌던 것 같아요. 노력하면 될 줄 알고 엄청나게 애를 썼는데 그게 오히려 문제를 더 악화시킨 줄은 몰랐습니다. 그런데 선생님, 아내가 샤워하는 게 무섭다던 그 선배들도 분명히 저처럼 성기능에 문제가 있는 사람들이겠지요?"

········· 더 사랑하고 싶은 당신에게 ·········

대표적인 남성 성기능장애

① 발기부전

발기가 잘 안 되거나 되기는 해도 유지가 잘 안 되는 상태가 반복되는 것을 발기부전이라 한다. 발기가 되지 않으면 삽입 성행위를 할 수가 없으므로 남성의 성기능에서는 치명적이라고 할 수 있다. 고개 숙인 남성, 발기부전 문제가 전 세계적으로 뜨거운 관심을 받게 된 계기는 발기유발제 비아그라의 출현이었다. 발기유발제는 인간의 성생활에 엄청난 반향을 일으켰고, 발기 문제에 편리한 해결책이 되었다. 그런데 발기유발제는 일시적인 발기 반응을 유발해주는 약이지, 발기부전의 원인 자체를 교정하고 치료하는 약물은 아니다. 그러므로 발기유발제로 너무 쉽게 문제를 해결하려는 경향은 오히려 장기적으로 보면 문제를 더 키우게 된다. 발기유발제가 등장하기 전에는 발기 저하 문제가 생기면 원인이 무엇이고 어떻게 관리해야 하는지에 대한 궁금증과 치료 의지가 컸고, 비만 관리와 운동, 금연 등 기본 건강을 돌보려는 노력에도 더 적극적이었다.

사실 발기부전의 원인은 다양하다. 크게 호르몬, 혈관 기능, 신경 손상과 같은 신체적인 문제와 스트레스, 긴장, 부부 갈등 같은 심리적인 부분으로 나뉜다. 워낙 복잡 미묘한 문제들이 얽혀 있는 경우가 많으므로 유발 원인을 정확히 파악해서 해결해야 하는 게 중요하다. 혈관이완제인 발기유발제만으로 모든 발기부전을 해결하려는 것은 문제다.

특히 상대적으로 젊은 연령대인 20~30대 남성들의 발기부전은 심인성 원인으로 유발되는 경우가 대부분이다. 반복되는 발기 실패로 인해 생기게 되는 수행불안, 배우자에 대한 분노, 성격 문제, 무의식적 갈등, 심각한 불안 및 긴장 등이 심인성 발기부전의 주요 원인이다. 이런 심인성 발기부전에는 발기유발제의 효과가 제한적이거나 아예 효과가 없는 경우도 많다.

발기부전은 심리적이거나 신체적으로 뭔가 문제가 있다는 적신호다. 이런 적신호의 원인은 무시한 채 발기유발제에 의존하다가는 머지않은 시기에 부메랑을 맞게 된다. 약에만 의존하는 기간 동안 진짜 원인인 문제는 제대로 치료되지 못하고 점점 나빠져서 성기능뿐 아니라 다른 건강 문제로도 확대될 수 있기 때문이다. 발기부전의 다양한 원인을 두루 살펴 원인을 교정하는 것이 진정한 발기부전의 치료다. 그런 측면에서 발기부전을 제대로 치료하는 것은 이후 발생할 수도 있을 더 심각한 건강상의 문제를 미리 예방하는 길이기도 하다.

② 조루

조루는 남성이 삽입 이후 사정까지 걸리는 시간이 지나치게 짧은 경우를 말하며, 전체 남성의 20퍼센트가 조루가 있을 정도로 흔한 문제다. 상대적으로 호르몬이나 혈관 기능 등의 신체 상태가 건강한 20대의 젊은 남성들이 가장 많이 고민하는 성기능장애기도 하고, 나이가 들면서 오히려 감소하는 문제기도 하다. 조루의 원인으로는 뇌의 사정중추와 자율신경계의 불안정, 그리고 지나치게 잘하려고 할 때 오히려 잘되지 않는 행위불안 등을 들 수 있다. 그래서 성경험이 상대적으로 적은 젊은 남성에서 더 많이 나타난다.

조루와 관련해 남성의 성기능에 대한 가장 많은 오해가 바로 삽입 이후 사정 시간이다. 남성의 사정 시간에 대한 학술적 보고는 많이 나와 있다. 조루가 아닌 정상 남성이 사정까지 걸리는 시간은 5분대가 가장 많았고 대부분 10분 이내였다. 생각보다 그렇게 길지는 않다. 이에 반해 조루 환자들은 1분대가 가장 많았으며 대부분 1~3분대였다. 지루가 아닌 정상인의 최대치는 평균 20분 정도였다.

조루는 치료가 비교적 쉽게 잘 된다. 미국을 포함한 선진국의 성의학계에서 인정하고 있는 올바른 조루 치료 방법은 약물 치료와 행동 요법의 병행이다. 사정중추와 자율신경계의 지나친 과민 반응을 잡아주는 약물과 더불어 자위 훈련 등과 같은 행동 요법으로 사정 전에 충분한 흥분 반응을 익히게 하고 흥분의 최고 극치 단계인 오르가슴까지 완만한 흥분 상승을 유도하는 것이다. 인터넷 등에서 잘못 알려져 있는, 성행위 시 딴생각을 하거나 감각을 줄이는 방법이라든지 국소마취제 등을 사용해 감각신경을 둔감하게 만드는 방법, 신경절단술 등은 제대로 된 치료법이 아니다. 자신의 느낌은 포기한 채 여성을 만족시키는 데서만 성취감을 찾는 것은 남녀가 함께 즐거워야 할 성행위에서 이치에 맞지 않는다.

③ 지루

지루는 사정이 너무 빨리 되는 조루와 정반대로 사정이 너무 늦게 되거나 아예 안 되는 경우를 말한다. 삽입 이후 사정까지의 시간이 늘 20~30분 내지 그 이상이 되는 상태라고 할 수 있다. 대부분 지루 환자들은 성행위 시에 사정이 되지 않지만 자위 시에는 잘된다. 그래서 자신은 문제가 없다고 생각하는 경우도 많다.

자위할 때조차 사정이 안 되는 경우는 중증 당뇨나 척수신경의 손상으로 완전히 사정 기능을 잃은 사정장애일 가능성이 높다. 남성호르몬의 저하와 성기능의 쇠퇴로 과거에 되던 사정이 안 되기도 한다. 이들은 일반적인 지루 환자와 다르다.

간혹 당뇨병이나 신경 손상이 있는 경우에 지루가 나타나지만 대부분의 지루는 심리적인 원인에서 비롯된다. 성기능장애에서 심리적인 억압이 문제가 되는 대표적 남성 질환이 바로 지루다. 지루 환자들은 '오래 해야 한다'는 성적 완벽주의가 있거나 평소 감정 표현이 서툴고 심리적 억제를 가진 경우가 많다. 또 여성에게 무의식적인 두려움·적대감이 있거나 정신분석학적으로 아내를 어머니와 동일시해 성 흥분이 억제되기도 한다. 이러한 지루를 치료를 할 때는 고도의 심리적 분석 치료와 성 흥분에 적응시키는 성 치료를 병행해야 효과를 볼 수 있다.

지루 환자들의 또 다른 고통은 바로 임신 문제다. 내막을 모르는 주변 가족들의 성화로 부부가 불임클리닉에 가서 검사를 받아봐도 생식 능력은 정상으로 나온다. 지루 환자들이 사정을 잘 못 하니 임신이 안 되는 것일 뿐이다. 그런 압박감으로 인해 성생활은 사랑을 나누는 즐거운 일이기보다 부담스러운 노동이 되어버린다. 배우자인 아내가 힘들어하는 경우도 많다. 삽입 이후 사정할 때까지의 시간이 15분 이상이 되면 여성은 통증을 느끼는 성교통 문제가 생겨서 이로 인해 성욕 저하나 성 기피증이 덩달아 생기기도 한다. 한편으론 남편이 사정하지 않는 이유가 아내인 자신의 성적 매력이 떨어져서 그렇다고 자책하거나 남편이 자신을 사랑하지 않는 게 아닌지 오해하고 괴로워하기도 한다.

성기능장애를 그저 성기 문제로 다루는 치료법으로는 지루를 해결하지 못한다. 치료법의 난이도가 있다 보니 지루는 치료가 안 된다는 말을 함부로 하는 경우도 있는데, 제대로 된 방법을 쓰면 충분히 치료가 가능하다. 만약 원래 없던 지루 현상이 생기고 있다면 발기 능력의 저하나 신경 노화 및 신경 손

상과 같은 신체적인 문제로 인해 성기능에 적신호가 켜진 것
이므로 전반적인 진단을 받아보는 것이 옳다.

④ 무성애

무성애 asexuality는 이성이건 동성이건 어떤 대상에도 성적인
끌림이나 성욕을 느끼지 못하는 상태를 말하며, 킨제이 박사
가 처음으로 보고했다. 그의 연구에 참여한 대상자들을 이성
애와 동성애 성향에 따라 등급을 매겼을 때 그 어느 쪽에도
속하지 않는 사람들이 있었고, 그들을 X등급 즉 무성애자로
분류했다. 1980년대 스톰즈 박사가 킨제이의 등급을 개정, 성
적 기호에 따른 새로운 분류를 제시하면서 무성애에 대한 이
론이 확립됐다. 1994년 영국에서 실시된 연구에선 조사 대상
자의 1.05퍼센트가 무성애자로 분류됐다.

무성애자들은 성욕이나 성적 끌림이 없음에도 불구하고 아이
를 갖기 위해 또는 사랑하는 사람을 위해 일시적으로 성관계
를 갖기도 한다. 성적 욕구를 느끼지 못한다는 점에서 무성애
는 성욕저하증과 유사해 보인다. 하지만 성욕저하증 환자는
스스로 불편해하는 데 비해, 무성애자는 그런 자각 증상이 없
고 평생 지속된다는 점에서 차이가 있다.

무성애자는 연애 초반에는 파트너와 성관계를 하기도 하는

데 성에 대해 적극적이지 않고 시간이 지나면서 원래대로 성관계를 기피하게 된다. 이들은 자신의 감정을 타인과 공유하지 않고 표면적인 관계를 유지하는 데 그친다. 초기 성관계 외엔 궁극적으로는 섹스리스 문제로 빠져든다. 그런데 무성애 당사자는 이것이 고통이라는 것을 모르거나 부정한다. 배우자 입장에선 깊이 있는 감정 교류와 정서적 유대감 없이 겉돌기만 하고 남과 다를 바 없는 거리감으로 인해 고통을 받는다. 결국 무성애자의 성적 기피는 자신의 표면적 인간관계를 대변하는 셈이다.

무성애자의 성적인 기호와 정신건강의 연관성을 분석한 1983년의 연구는 주목할 만하다. 여기서 무성애자는 자존감이 낮고 더 쉽게 우울증에 빠지는 것으로 드러났다. 실제 이들이 심리적으로 취약한 부분이 있는 것은 분명하다. 학계에선 무성애가 강박증·불안장애·분열성 성격장애·우울증, 과거의 부정적인 성경험에 따른 회피나 혐오 반응, 발달장애·성격 문제·심리적 거세 같은 정신분석적 갈등에서 비롯되는 증상으로 보는 의견이 지배적이다.

이런 이유에서 무성애자를 다른 면에서는 아무 문제가 없는, 단순한 성적인 기호의 하나로만 보기에는 무리가 있다. 앞서 언급했듯이 무성애는 좀 더 광범위한 심리적·정서적 문제로 인한 하나의 증상으로 보는 것이 타당하다. 그런데 자신이 무성애라는 사실을 본인의 성욕저하증, 심리적 문제, 성기능 문제, 상대방과의 갈등, 인간관계의 어려움 등에서 도망가기 위한 방패막이로 삼는 경우가 꽤 있는 듯하다. 스스로 무성애자라며 섹스리스를 정당화하려는 사람들의 상당수는 치료를 받아야 할 대상인 경우가 많다.

강동우   우리 부부는 이제 잘 안 싸웁니다. 워낙 간접 경험을 많이 하다 보니 스스로를 돌아보게 될 때가 많죠. 그런데 사실 우리도 예전엔 심각한 갈등을 겪었습니다.

백혜경   우리 부부 얘기만 써도 책 한 권으로는 부족하죠. 갈등 없는 결혼 생활이 어디 있겠어요. 열정이 시들해지거나 서로에게 상처받게 되더라도 부부가 함께 행복한 관계를 가꿔가는 노력을 포기하지 않는다면 극복하지 못할 부부의 위기는 없습니다.

강동우   이때 단기간에 어떤 만족할 만한 결과를 조급하게 기대하는 건 섣부른 욕심입니다. 하나하나씩 벽돌을 쌓기 시작하면 언젠가는 아름다운 집이 완성되는 것처럼 관계도 점차 회복될 수 있어요.

백혜경   부부간 거리가 멀어졌다고 느낄 때 '내가 매력이 없어서 그런 걸까?' 하고 걱정만 하는 건 바람직한 방법이 아닙니다. 우선은 둘만의 시간을 더 많이 가져보고 함께할 수 있는 운동이나 취미 생활을 찾아보세요. 같은 공간과 시간을 공유하는 게 자연스럽게 가까워질 수 있는 최고의 방법이니까요.

Part 4

다시,

사랑하고

싶다

중년 부부가 알아야 할
사 랑 의 묘 약

사랑하는 연인과 처음 스킨십을 했던 순간이 기억나는가? 끌리는 이성과 처음 손을 잡았던 순간의 짜릿한 기억, 그리고 그 이후 한층 더 강렬해진 끌림의 감정을 경험해본 적이 있을 것이다. 전혀 이성으로 느껴지지 않던 친구나 동료와 우연히 신체적인 접촉이 있고 나서 그 사람이 갑자기 이성으로 느껴졌던 적도 있을 수 있다. 이런 경험은 단순히 착각이나 우연의 일치일까? 여기에는 과학적인 이유가 있다.

부드러운 신체적 접촉은 우리 몸에서 옥시토신의 분비를 유발한다. 옥시토신은 친밀감을 느끼게 하는 사랑의 묘약이다. 이 옥시토신이 폭발적으로 분비되는 때가 바로 출산을 할 때다. 산모가 아이에게 강한 정서적 유대감을 느끼는 건 이 호르몬의 작용 때문이다. 옥시토신이 분비되면 뇌 화학적으로 상대방에게 친밀감과 애착을 느끼게 된다. 그러므로 스킨십 이후 상대에게 더 큰 호감과 끌림을 경험하게 되는 데는 옥시토신의 역할이 크다.

옥시토신이 우리 몸에서 많이 분비되는 때가 언제인지 살펴보면 더 잘 이해가 간다. 다양한 연구를 통해 입증된 내용을 보면 옥시토신은 남녀 간의 부드러운 대화와 가벼운 스킨십을 통해 세 배나 상승한다고 한다. 또한 충분한 이완, 여유로운 명상, 안마나 마사지 등을 할 때도 올라간다. 그런데 뭐니 뭐니 해도 옥시토신이 최고로 상승하는 경우는 사랑하는 사람과 안정적인 성행위를 할 때다. 특히 오르가슴을 느끼게 되면 급격히 그 농도가 높아지게 된다. 반면 애착이 없는 일회성 성행위나 성매매 등에서는 그 정도로 뇌 반응이 유발되지 않아 옥시토신의 충분한 상승을 기대할 수 없다.

"남편이랑 단둘이 방에 있으면 너무 어색하고 서먹한 거 있지?"

40대 후반에 막 접어든 선배가 남편과 함께하는 시간이 스트레스라고 성토한다. 대학 졸업하자마자 중매로 결혼한 이후 무뚝뚝하지만 성실한 그녀의 남편은 회사 생활로 늘 바빴다. 밤늦게 귀가해서 겨우 얼굴이나 보는 정도였고, 자녀 양육과 집안일에 성실했던 선배는 그렇게 각자의 역할에 충실하며 바삐 사는 것이 결혼 생활이려니 생각했단다. 아이들이 공부를 잘해서 그 재미에 자녀

교육에 더 열중했고 그것이 엄마로서 아내로서 해야 할 본분이라고 믿었다. 그런데 아이들이 대학에 진학하고 남편이 퇴직하면서 남편과 함께하는 시간이 많아지자 오히려 어색하고 낯설다고 고민을 토로한다.

무뚝뚝한 남편과 이제부터라도 좀 가깝게 지내고 싶어서 남편에게 얘기하면 남편은 "앞으로는 서로 노력하자"라고 말은 한다. 하지만 실제로는 달라진 것 없이 둘 사이의 거리는 전혀 가까워지지 않았다. 답답해하는 선배에게 조심스레 물어보니 남편과 섹스리스 상태는 물론이고 서로 스킨십을 안 하고 지낸 지도 한참 되었다고 한다. 안타까운 일이지만 이런 중년 부부들이 우리나라에는 너무나 많다.

섹스리스 및 성적 트러블이 있는 부부의 문제를 진단할 때 반드시 확인하는 것이 바로 부부간의 자연스럽고 적절한 스킨십 유무다. 실제 치료 과정에서 적용되는 성 치료 기법 중 가장 중요하고 많이 쓰이는 방식인 성감초점 훈련 역시 스킨십을 통해 흐트러진 성 흥분 반응을 제 궤도에 올리는 것이다. 그만큼 스킨십은 성생활에서 중요한 요소다.

도둑질도 해본 놈이 잘한다고, 부부간에 대화나 스킨십이 별로 없던 커플이 어느 날 갑자기 와인 한 잔 놓고 분위기 잡는다고 바뀔 리 만무하다. 나름대로 노력했는데도 "이 사람이 왜 갑자기 안

하던 짓을 하고 그래?" 하고 핀잔을 듣는 건 평소에 쌓아둔 것이 별로 없기 때문이다. 스킨십을 통해 분비되는 옥시토신이 부족하면 그만큼 상대에 대한 친밀감과 애정도 부족할 수밖에 없다.

의학계가 밝혀온 옥시토신의 실체는 인간관계와 심신의 건강에 필수적인 호르몬이란 것인데 이뿐만이 아니다. 그간의 여러 연구로 밝혀진 옥시토신의 역할은 그야말로 만병통치약 수준이다. 옥시토신은 코르티솔이라 불리는 스트레스 호르몬에 강한 저항력을 가져 스트레스를 이기는 역할을 한다. 또 진통 효과에 면역력을 강화하고 신체의 상처 치유력을 향상시킨다. 혈압의 상승도 막으며 심장질환의 방어 요소가 되기도 한다. 성 반응에서는 성적 수용성과 오르가슴을 상승시켜 성적 즐거움을 유발한다. 또한 불안과 우울감을 경감시키고, 사회적 상호 관계와 위협을 인지하는 뇌 속 편도의 작동에 관여해 사회공포증이나 자폐증에도 긍정적인 효과가 있는 것으로 확인된 바 있다.

더 자주 안아주자

"선생님, 그럼 그냥 옥시토신을 복용하면 안 되나요?"

스킨십과 옥시토신의 중요성에 대해 이야기하면, 부부간에 스킨십을 늘리는 노력을 하기보다 간단하게 옥시토신을 먹겠다고 하는 사람들도 있다. 실제 잦은 외도로 이혼 위기에 처한 남편이 아내가 처방받아 오랬다면서 옥시토신을 처방해달라고 한 적도 있다.

하지만 안타깝게도 아직까지는 옥시토신의 인위적 사용에는 한계가 있어서 실질적인 부부간 애착 형성을 위해 사용하는 데는 현실적인 어려움이 많다. 합성된 옥시토신은 위장관에서 쉽게 파괴되므로 주사나 코에 뿌리는 스프레이로 투여되는데, 반감기가 겨우 3분밖에 되지 않을 정도로 효과의 지속 시간이 지극히 짧다. 또 어렵게 투약을 해도 충분한 양이 뇌혈관의 '장벽'을 넘어 대뇌에 작용하기도 힘들기 때문에 반짝 효과는 몰라도 장기간의 인간관계를 변화시키기엔 한계가 있다.

인위적인 옥시토신을 외부에서 투입하는 것보다 훨씬 자연스럽고 효과적인 방법은 두 사람 사이에 따뜻한 대화와 잦은 스킨십, 더 나아가 안정적인 성생활을 하는 것이다. 성기능뿐 아니라 심신의 건강에 강력한 영양제는 바로 스킨십을 포함한 성생활, 남녀 간 친밀 관계에서 자연적으로 생산되는 옥시토신이다. 부부가 모두 건강하고 행복하려면 하루에 30분이라도 만사를 잊고 함께 편히 시간을 보냄으로써 적절한 스킨십과 성생활을 통해 자연스레 분비되는 옥시토신 요법을 활용하는 것이 좋다. 온갖 비싼 영양제, 보약보다 훨씬 더 훌륭한 명약이 우리 몸에서 분비되는 옥시토신이라는 사실을 기억하자.

부모가 아이들을 대할 때 자주 안아주고 쓰다듬어주면 정서적으로 큰 도움이 된다는 이야기는 상식처럼 다들 알고 있다. 심지어 베이비 마사지라고 해서 문화센터에 강좌도 마련되어 있어 엄마들에게 인기를 끌고 있다. 강좌를 소개하는 내용을 보면 마사지가 아이들의 정서뿐 아니라 신체적 건강, 학습 능력에도 긍정적인 영향을 미친다고 나와 있다. 이 또한 옥시토신의 힘이다. 안아주고 쓰다듬어주는 건 아이들에게만 필요한 게 아니다. 성인에게도 똑같이 효과적이고 또 필요하다. 아이만 안아줄 것이 아니라 소중한 나의 배우자도 자주 안아주고 쓰다듬어주자.

• • • • • • • • 더 사랑하고 싶은 당신에게 • • • • • • • •

부부 애정지수를 위해 기억해야 할 5가지

① 둘만의 시간을 자주 갖는다

특히 아이가 생기고 나면 둘만의 시간은 주간 이벤트 심지어 월간 이벤트가 되기도 한다. 힘들어도 습관을 들이자. 연애 시절에 같이 붙어 있는 시간을 얼마나 고대하며 기다렸는지, 그 시간이 얼마나 달콤했는지를 떠올려 생각해보라. 둘이서 함께하기 위해 결혼한 게 아닌가?

② 작은 배려가 사람을 감동하게 만든다

배우자가 퇴근길에 내가 좋아하는 크림빵을 사오는 것이나, 저녁 메뉴로 내 입맛에 맞는 김치찌개를 끓여주는 것이나 모두 나를 위한 배려다. 배우자를 위한 작은 선물, 상대를 위해 해주는 청소나 요리, 상대방의 말을 들어주고 공감해주는 것도 배우자에 대한 배려이자 사랑이다.

③ 스킨십은 많으면 많을수록 좋다

아이와의 스킨십이 아이의 정서적 안정을 위해 중요하다고 그렇게 강조하면서도 부부간 스킨십의 중요성은 잘 모르는 경우가 많다. 스킨십을 너무 부담스럽게 생각할 필요는 없다. 손을 잡고 팔짱을 끼는 것부터 안마를 하고 마사지를 하는 것 모두 훌륭한 스킨십이다.

④ 지적보다는 칭찬을 활용한다

배우자가 어떤 행동을 고쳤으면 하고 잘못을 지적하면 의도한 바와 달리 행동은 잘 개선되지 않는다. 되레 "당신은 이걸 잘못하지 않았느냐"라고 반격을 받기 쉽다. 칭찬이 상대방의 행동을 변화시키는 데 가장 좋은 방법이라는 것은 심리학의 여러 연구에서도 밝혀진 바다. 나를 칭찬해주는 배우자에게 애정이 생기는 것은 당연하다.

⑤ 섹스가 애정에 불을 당긴다

사랑하기 때문에 섹스를 하는 것이기도 하지만, 섹스를 하면서 사랑이 더 강화되거나 없던 사랑이 생기는 경우도 있다. 섹스리스가 위험하다는 것도 이와 같은 이유에서다. 만족스러운 섹스는 부부간 사랑의 온도를 유지시키는 가장 좋은 방법이다.

사이좋은 커플이
침대를 이용하는 법

'무엇이든 할 자유, 아무것도 안 할 자유.'

20여 년 전 국내에 처음 소개된 한 리조트 광고에서 본 이 카피 문구가 당시에는 꽤 신선한 충격으로 다가왔다. 이전까지만 해도 해외 여행이나 바캉스라 하면 가이드의 안내에 따라 단체로 아침 부터 저녁까지 버스로 관광지를 돌다 숙소에서 쓰러져 잠들기 바빴던 여행 문화에서는 '아무것도 안 할 자유'라는 말이 인상 깊었 던 것 같다. 외국 영화에서나 보던 것처럼 해변에서 종일 느긋하 게 낮잠을 자며 선탠을 하고, 두툼한 소설책 한 권 정도는 읽을 수 있는 여유로운 휴가지의 모습이 그 문구를 통해 전해졌다.

휴양이라고 하면 어딘가 멀리 떠나는 것을 생각하게 된다. 하지 만 조금만 발상을 전환해본다면 휴양을 위해 꼭 멀리 떠날 필요는 없다. 실제로 부부가 매일 잠을 자고 휴식하는 장소는 안방이다. 바로 이 안방, 특히 부부의 침대 또는 이부자리는 훌륭한 휴양의 공간이 될 수 있다.

그런데 이 부부 침실에 대한 일반적인 이미지나 인식이 그리 좋지만은 않은 것 같다. 가끔 TV 드라마를 보면 좀 서글프게 느껴지는데, 드라마에서 안방 침대는 주로 부부가 첨예한 갈등을 벌이는 무대로 묘사되기 때문이다. 서로 악쓰고 다투다가 아내가 등을 획돌리고 이불을 뒤집어쓰면 남편은 한숨을 푹 쉬고 침대에서 벌떡일어나 문을 닫고 밖으로 나가버린다.

이렇게 부부의 전쟁이 벌어지는 배경이 되는 침대는, 불륜을 다룬 드라마나 영화에서는 부적절한 관계의 남녀가 애정 행각을 벌이는 에로틱한 무대로 변신해 등장한다. 사랑하는 부부의 이상적인 애정 표현이 이뤄지는 공간으로 침대가 그려지는 경우는 드문편이다. 고작해야 신혼부부의 침실 정도일까? 대부분의 우리나라 드라마에선 부부는 침대는 젖혀두고 거실의 탁자나 부엌 식탁을 사이에 두고 대화를 나눈다. 물론 그것도 정겨운 모습이긴 하다. 하지만 부부의 애정과 감정 표현은 그 어느 곳보다도 침대에서 더자연스러울 수 있다.

서양의 드라마를 보면 그들은 정해진 시간에 자녀들을 아이 방에 따로 재우고 부부의 침실로 돌아와 둘이 이러쿵저러쿵 대화하거나 책을 읽거나 애정을 나누는 장면이 익숙하다. 무조건 서양 문화가 더 낫다는 말은 아니다. 그렇지만 우리 문화는 여전히 성에 관한 한 이중성을 갖고 있는 게 사실이다. 성을 드러내는 것을 어색해하면서도 또 한편으로는 은밀히 숨어서는 극단적인 쾌락을 추구한다. 어쩌면 그게 한국 부부들이 처해 있는 암울한 현실인지도 모르겠다. 그런 현실이 드라마의 제작에도 영향을 미치는 듯하다.

침대를 휴식처이자 놀이터로

"네? 안방 침대에서 단둘이 있으라고요? 그럼 성관계를 하라는 말인가요?"

섹스리스 문제로 병원을 찾은 상진 씨는 안방 침대에서 부부가 단둘이 있어보라는 숙제를 주자 화들짝 놀라며 되물었다.

"아니요, 성관계는 오히려 금지입니다. TV나 스마트폰은 보지 말고 잠들지 않은 상태로 두 분이서 침대에서 그냥 같이 있으시면 됩니다."

"그럼 뭘 하라는 건가요? 잠도 자지 말고 성관계도 하지 말고 침대에서 있으라니……."

상진 씨는 본인의 심인성 발기부전과 그로 인한 성욕 저하로 인해 아내와의 성관계를 요리조리 피해 다닌 지 벌써 5년 째인 남편이다. 그런 상진 씨에게 잠들지 않은 채 아내와 함께 침대에 있으라는 숙제는 굉장히 부담스러운 일이었다. 상진 씨뿐 아니라 안방 침대나 이부자리에서 배우자와 같이 있으라는 숙제를 주면 당황하는 사람들이 많다. 그만큼 부부의 침실 공간은 정말 잠을 자거나 섹스를 하거나 둘 중 하나인, '도 아니면 모'인 공간으로만 인식되는 것 같다.

'무엇이든 할 자유, 아무것도 안 할 자유'는 부부가 침대에서 같이 있는 시간에도 유효하다. 정말 아무것도 안 하고 멍 때리고 있어도 된다. 다만, 치료적으로 초기에는 직접적인 삽입 성행위는 금지한다. 그러면 많은 부부들이 처음에는 멀뚱멀뚱하고 있다가 어색함을 줄이기 위해 책을 보거나 대화를 시도한다. 그러다가 서로 발마사지나 안마를 하는 등 다양한 시도를 한다. 심지어 보드게임이나 고스톱을 치는 커플도 봤다. 그러다 보면 자연스레 대화가 늘고 스킨십도 늘어난다.

발기부전이 있던 상진 씨에게 침대는 두려운 무대였다. 침대에서 부부 관계를 할 때마다 발기가 잘되지 않으니, 일종의 무대 공포증이 생긴 것이다. 그래서 침대에서는 스마트폰만 잡고 있다가 아내가 다가와 말이라도 걸라치면 피곤하다며 빨리 눈을 감는 게 상책이었다.

그랬던 침대가 이제 휴식의 공간이 되었다. 성관계를 금지한다고 제한을 두니 발기에 대한 걱정이 사라지고 침대는 이제 더 이상 부담스러운 공간이 아니었다. 아내와 대화하고 스킨십을 하는 일이 자연스레 늘어나면서 다투는 일도 줄었다. 물론 상진 씨의 발기부전 문제를 치료하는 데는 다른 치료 과정들도 필요했지만, 부부가 함께 안방 침대에 있으라는 숙제는 그가 침대 공포증에서 벗어나는 데 큰 도움이 된 중요한 과정이었다.

"안방 문을 걸어 잠그고 우리 둘만의 공간인 침대에서 휴양을 하는 느낌으로 시간을 보내라는 선생님 말씀이 인상 깊었어요. 왜 그동안은 이러지 못했을까 싶네요."

부부가 잠자고 섹스할 때만 침대를 이용한다면 잘못된 것이다. 부부에게 침대는 서로 대화하는 무대이자 편안한 휴식처, 즐거우면서 때로는 유치할 수도 있는 놀이터여야 한다. 아주 은밀한 일이 벌어지는, 아무도 (심지어 아이도) 간섭할 수 없는 부부만의 비밀 공간이 돼야 한다. 회사 일, 자녀 문제, 집안의 갈등은 접어두고 평화롭고 이완된 상태로 '세상이 어찌 돌아가고 아무리 고되더라도 우리 둘은 소중해, 같이 있는 게 편해'라는 감정적 친밀감을 함께 느끼는 것은 효과적인 재충전이 될 수 있다.

침대가 꼭 고가의 명품이어야 하거나 럭셔리한 인테리어가 갖춰져 있어야 분위기가 조성되는 것은 아니다. 누구에게도 침범받지 않고 평화로운 여유를 나눌 수 있는 침대라면, 그 어떤 호사스러운 침대보다 값어치가 클 것이다. 덧붙여 좋은 향이 나는 향초나 은은한 조명, 부드러운 음악 등은 크게 돈 들이지 않고 부부 침실을 한순간에 편안한 휴식 공간으로 만들어주는 장치가 될 수 있다.

비싼 돈 내고 멀리 여행 갈 필요도 없이 우리 집 침대를 휴양지에 있는 침대라 여기고, 그곳에서만큼은 일상의 고민과 스트레스를 철저히 차단하는 것도 도움이 된다. 부부가 함께하는 휴식은 스마트폰을 들여다보거나 TV를 보고 인터넷을 헤매는 것보다 훨씬 낫다. 덧붙여 그 휴식의 보금자리인 침대에서 즐기는 다양한 성생활은 정서적 안정뿐 아니라 건강한 활력을 불어넣는다.

········· 더 사랑하고 싶은 당신에게 ·········

대화는 성관계에서도 중요하다

애착 호르몬이라 불리는 옥시토신에 대한 연구를 평생에 걸쳐 해온 대표적인 연구자가 현재 킨제이연구소장을 맡고 있는 수 카터 박사다. 여성이자 저명한 생물학자인 카터 박사는 이미 1980년대 후반부터 들쥐의 짝짓기 행동과 옥시토신의 연관성에 대한 연구를 해온 이 분야의 선구자다. 그녀의 대표적인 업적으로 1990년대 발표된 수컷 들쥐에서 옥시토신 투여 이후 보이는 성 행동 변화에 대한 연구를 꼽을 수 있다. 이 연구는 옥시토신에 대한 많은 학문적 관심을 불러일으켜 인간의 감정, 애착 형성, 성적인 행동과 관련된 호르몬들에 대한 다양한 연구가 이뤄지고 발전하게 되는 계기가 되었다.

지난 20년간 이 옥시토신과 관련된 호르몬에 대한 연구는 이제 옥시토신의 역할에 대한 연구에서 더 나아가, 실제 옥시토신을 자폐증이나 불안장애, 스트레스 해소, 애착 형성 문제 등에 대한 치료제로 사용할 방법을 찾고 있다. 그리고 그 효율성을 따져보는 연구도 이뤄지고 있는데 아직까지는 제한점이 있어서 실용화 단계까지는 시간이 더 걸릴 것 같다.

그런데 이 옥시토신의 효과를 뛰어넘는 대화의 힘을 입증한 연구가 있다. 카터 박사가 옥시토신을 사용한 여성 그룹과 그렇지 않은 여성 그룹을 대상으로 연구 조사한 결과, 옥시토신을 사용한 그룹이 성기능에서 더 나은 결과를 보일 것이란 기대와 달리 두 그룹 모두에서 여성 성기능 자체가 향상되고 욕구도 높아진 것으로 나타났다. 왜 이런 결과가 나왔을까? 원인을 살펴본 결과, 성기능을 평가하는 과정에서 파트너인 배우자와 성욕, 성적인 흥분도, 오르가슴 여부 등 성기능 전반에 대해 서로 물어보고 확인하는 솔직한 대화 과정이 있었던 게 변수인 것으로 밝혀졌다.

다시 말해 파트너와 성행위에 관해 나누는 진솔한 대화와 관심이 옥시토신의 효과를 뛰어넘는 강력한 기능을 하는 것이다. 여성에게 원래 대화가 중요하고 친밀감이 중요하다는 것은 익히 알려져 있었지만, 특히 성관계 중의 대화가 여성의 성욕이나 성적인 흥분에 굉장히 중요하다는 사실을 확인한 연구라는 점에서 의미가 크다.

대화가 중요하다는 것은 알고 있으면서도 성관계를 할 때 여성들은 쑥스럽다는 이유로 자신의 감정을 표현하지 않고 입을 꼭 다물어버리는 경우가 많다. 여성뿐 아니라 남성들 중에도 어색하고 부끄럽다면서 성행위 시에는 벙어리가 되는 사람들이 많다. 하지만 대화를 나누지 않는 것이 성행위가 만족스럽지 않은 이유가 될 수도 있다는 사실을 알았으면 좋겠다.

① 지나치게 거친 표현은 삼가야 한다

성관계를 할 때 대화를 나누는 게 여성의 흥분에 도움이 된다고 알려줄 때 약간 우려스러운 부분이 있다. 행여 더 강한 자극이 성적인 흥분에 도움이 될까 하는 마음에 온갖 외설적이고 자극적인 표현을 마구 해대는 남성들이 있을까 싶어서다.

진료실에서 보면 실제로 이런 남편 때문에 힘들어 하는 아내들이 적지 않다. 평소에는 괜찮다가 성관계를 하게 되면 지저분한 욕설을 하는 남편이 너무나 당혹스러운 것이다. 그러니 행여나 과격한 욕설이나 퇴폐적인 단어가 아내를 강하게 자극하고 흥분시킬 거라 생각하는 남편들이 있다면, 아내가 그것을 어떻게 느끼는지 물어보고 확인할 필요가 있다.

② 잠시 쉬어가도 좋다

흥분을 끌어올려야 한다는 생각에 사로잡혀 삽입 성행위가 시작되면 끝날 때까지 쉬는 시간이 없을 때가 많다. 체위를 바꿀 때가 아니면 절대로 쉬지 않는 것이다. 하지만 꼭 그래야 하는 건 아니다. 마치 파도를 타듯이 조금 세게 가다가 잠깐 속도를 줄일 수도 있다. 도중에 잠시 쉬었다 가더라도 오히려 흥분이 파도를 치면서 더 즐거울 수 있기 때문이다. '무조건 강하게 세게 자극적으로'가 더 강한 흥분과 쾌감을 불러오는 건 아니다. 특히 여성에서는 지나친 자극이 오히려 흥분을 반감시키고 불쾌감만 주는 경우도 많다는 것을 알아야 한다.

부부 싸움은 내용보다
방 법 이   중 요 하 다

결혼하는 커플의 절반이 이혼을 한다는 미국에선 수많은 부부 치료자들이 활동하고 있다. 그중 가장 저명한 부부 치료의 권위자 중 한 명으로 존 가트맨 박사를 꼽을 수 있다. 그는 본인이 직접 이혼을 경험한 후 왜 자신의 결혼이 실패했는지에 대한 의문으로 부부 치료에 입문하게 되었다고 한다.

부부 관계에 대한 여러 연구를 발표한 가트맨의 연구 중 가장 유명한 것이 바로 이혼이 예측되는 부부의 행동에 관한 것이다. 그는 부부 사이에서 상대에 대한 비난이나 경멸, 방어적인 태도 그리고 감정적인 담 쌓기나 무관심한 행동이 나타나는 빈도가 높을수록 부부가 이혼할 가능성이 높아진다고 주장했다.

부부 갈등 및 이혼의 원인에서 부부가 싸우는 이유나 갈등 내용이 중요할 것이라던 기존의 생각과 달리, 부부가 갈등 상황에서 보이는 행동 양상이 이혼에서 더 중요한 예측 인자라는 연구 결과는 무척 놀라운 것이었다. 이로 인해 부부가 '왜 다투는가'보다 '어떻게 다투는가'를 파악하고 이를 변화시키는 것이 부부 치료에서 중요한 포인트가 되었다. 즉 부부 갈등에서는 싸움의 내용보다 싸움의 방법이나 기술이 더 중요하다는 것이다.

그렇다면 어떻게 싸우는 것이 이혼은 막되 상대를 설득해 내가 원하는 쪽으로 의사결정을 끌어오는 비결일까? 여기 몇 가지 원칙이 있다.

일단 이야기를 들어준다

정신과 의사들이나 상담치료자들이 흔히 하는 말 중에 '그저 이야기를 들어주기만 해도 병이 반은 낫는다'라는 얘기가 있다. 인간관계나 대화 기술에 대한 책이나 강연에 나오는 단골 레퍼토리 중 하나가 바로 '상대의 말을 잘 들어라'이다.

당연한 소리지만 배우자가 도대체 뭘 원하는지, 무엇 때문에 힘들어하는지를 알려면 일단 그의 말을 들어봐야 한다. 말하는 사람의 입장에서는 내가 원하는 것을 상대방에게 말로 잘 설명하고 전달하는 의미와 더불어, 나의 감정을 표현하고 이를 환기^{ventilation}하는 의미도 있다. 일정 시간 이상 방 안의 공기를 환기하지 않으면 산소 농도가 떨어지고 이산화탄소가 많아져 답답해지듯이 사람의 감정도 환기가 필요하다.

앞서 언급한 정신과 의사들의 치료기법 중에도 환자가 스스로 이야기를 하고 자신의 감정을 표현할 수 있도록 도와주는 환기 요법이 있다. 상대방의 이야기를 들어주는 것만으로도 감정적인 해소 및 치유 효과가 있다는 것인데, 정신과 의사가 아니라 당사자인 배우자라면 더 효과가 좋을 수 있다.

물론 이야기를 듣다 보면 상대방의 의견이 나와 다를 수 있고 그 사람의 표현이 마음에 안 들 수도 있다. 하지만 이를 바로 반박하거나 듣기 싫다며 말을 자르지 말고 일단 끝까지 듣는 것이 중요하다. 특히 부부간에는 배우자에게 적극적으로 해결책을 얘기해주느라 상대방의 말을 자르고 조언하다가 싸움이 나는 경우가 많으니 주의해야 한다. 또 상대방과 눈을 맞추고 그의 말을 잘 듣고 있다는 신호로 대답해주거나 맞장구를 쳐주는 것도 중요한 일이다.

친구나 직장 동료에게 고민 상담을 할 때, 그 사람이 그저 옆에 앉아 내 말을 들어주었을 뿐인데도 마음이 후련해지는 걸 느껴본 적이 있을 것이다. 상대방이 명확한 해결책이나 유용한 조언을 말해주지 않더라도 나의 속상한 마음을 누군가에게 털어놓고 위로를 받는 것만으로도 마음에는 위안이 되고 감정이 누그러뜨려진다. 이는 배우자와의 관계에서도 마찬가지다.

내가 힘들고 외로울 때 누군가가 내 말을 들어주고 내 곁을 지켜주는 것만큼 위안이 되는 일은 없다. 배우자가 그렇게 해준다면 감정이 누그러져 한발 물러서고 양보하는 모습을 보이게 된다.

비난부터 멈춘다

갈등이 있어 병원을 찾은 부부들의 대화 방법은 거의 똑같다. 상대방에 대한 비난을 누가누가 더 많이 하나 경쟁이라도 하는 모양새다. 이혼하는 부부에서 나타나는 대표적인 행동이라고 가트맨이 지적한 것이 바로 비난하기다. 이런 비난을 하는 의도는 상대방의 특정 행동이나 태도로 인해 내 감정이 상했다는 것을 표현하는 것이고, 마음에 들지 않는 이런 행동이나 태도를 고쳐줬으면 좋겠다는 의미이기도 하다.

하지만 여러 학자들의 반복된 연구에 의하면, 사람의 행동을 변화시키는 데 효과적인 것은 비난과 같은 부정적인 피드백이 아니라 칭찬과 같은 긍정적인 피드백이다. 마음에 안 드는 행동을 칭찬하라는 것이 아니라, 드물지만 내가 바라는 행동이 나왔을 때 칭찬을 많이 해주면 배우자를 내가 원하는 대로 변화시키는 데 효과적이라는 소리다. 이런 긍정적인 피드백 기법은 아이들의 행동을 교정하는 데도 널리 쓰인다. 학교나 유치원, 학원 등에서 많이 시행하는 칭찬 스티커나 별점 주기 등도 바로 이런 칭찬 요법의 하나이고 상당히 효과적이다.

실제 부부 치료에서 갈등 상황에 있는 부부에게 서로 비난하는 행동만 금지시켜도 싸움이 급격히 줄어든다. 결혼 생활 내내 싸우던 부부들이 치료 시작 이후 다툼이 줄어드는 경우를 자주 목격하는데, 이는 역으로 서로 비난하는 태도가 부부간 갈등을 얼마나 잘 유발하는지를 보여주는 반증이기도 하다.

배우자에 대한 비난과 더불어 절대적으로 하지 말아야 할 것은 배우자 가족에 대한 비난이다. 상대방 가족에 대한 비난이 시작되면 부부 싸움은 확전이 된다. 행여 상대방 가족이 실제로 개입이라도 하기 시작하면 싸움은 일파만파 종잡을 수 없게 된다. 그야말로 국지전에서 세계대전이 되는 셈이니 상대 가족에 대한 비난은 절대 금물이고 주의해야 한다.

비난의 표현은 조금만 생각해보면 긍정적인 표현으로 바꿀 수 있다. "하루 종일 청소도 안 하고 뭐했어?"는 "당신 오늘 청소도 못 할 정도로 많이 바쁘고 힘들었나 봐"라는 표현으로 바꿀 수 있고 "허구한 날 술 먹고 늦게 들어오면 어쩌자는 거야?"보다는 "매일 그렇게 술을 마시면 건강에 많이 안 좋을 텐데 걱정되네"와 같은 말로 부드럽게 바꿀 수 있다.

인정하고 공감해주기

나의 배우자는 적어도 20년 이상 나와 다른 가정에서 다른 부모 아래 다른 가정 교육과 감정 코칭을 받았다. 배우자가 받은 교육이나 경험이 나와 같을 수는 없으므로 나와 다른 생각이나 취향, 의견을 갖는 건 어찌 보면 당연한 일이다. 배우자의 의견이 나와 다르다는 것을 인정하고 그의 감정에 공감해주는 것은 서로의 차이를 인정하고 타협을 해나가기 시작하는 출발점이다.

"어떻게 그럴 수가 있어?"가 아니라 "그랬구나. 당신 입장에서 그럴 수도 있겠구나" 하고 공감해주는 태도는 나와 다른 의견을 가진 상대와 역지사지해볼 수 있는 좋은 기회기도 하다. 또 이런 공감하는 태도는 상대방으로 하여금 '내가 인정받고 존중받고 있다'는 느낌을 줘서 서로에 대한 부정적인 감정도 누그러뜨릴 수 있는 방법이기도 하다.

폭력은 무조건 금지

막 결혼 생활을 시작한 신혼부부들이 부부 관계의 고민과 갈등을 토로하면, 주변의 일부 선무당들이 위험한 조언을 하는 경우가 종종 있다. '초반에 기선제압을 하면 평생을 편하게 지낼 수 있으니 일부러 더 세게 나가라', '와이프가 늦게 들어왔다고 잔소리를 하면 핸드폰을 벽에 던져 박살을 내라'는 등 참견을 한다. 이런 방법들은 잠깐은 반짝 효과가 있을지도 모른다. 그러나 길게 보면 절대 좋은 방법이 아니다. 폭력도 일종의 의사소통 방식이다. 대화가 가장 바람직한 형태의 의사소통 방식이라면, 폭력은 이렇게 해서라도 상대방에게 내 의사를 피력하고 상대방을 내가 원하는 대로 합의시키겠다는 저급한 하수의 기술이다.

그런데 이런 폭력적인 방법은 결과적으로 부메랑처럼 역풍을 맞게 된다. 다 그런 건 아니지만 황혼이혼을 하는 부부의 상당수가 일방적이고 폭력적인 방식으로 의사소통을 하는 부부들이다. 독재국가에서 억압받는 국민들이 당장은 조용히 숨죽이고 있지만 세월이 가면 결국에는 민주화 봉기나 혁명이 일어나듯이, 부부 관계도 마찬가지다.

폭력에는 여러 가지 형태가 있다. 사람을 때리거나 밀치는 것, 물건을 던지는 것 등은 모두 물리적 폭력에 해당하는데, 우리나라는 폭력에 상당히 관대해 직접적인 신체 접촉이 아니면 폭력으로 생각하지 않는 경향이 있다. 하지만 욕설이나 소리 지르기 등의 언어폭력도 폭력에 해당될 뿐 아니라, 상대방의 약점을 공격하거나 비아냥거리기와 같은 감정적인 폭력도 상대방의 감정에 상당한 상처를 입히게 된다.

폭력은 단계적으로 나타나는데, 처음에는 사소하게 시작한 감정적 폭력이 반복되며 결국 언어폭력으로 발전하고 언어폭력 이후에는 물리적 폭력이 따라오는 경향이 있다. 그러므로 폭력은 늘 그 전 단계에서 제재를 하는 것이 효과적이다. 폭력 상황을 그냥 참고 넘어가면 반복되게 마련이고 보통은 단계가 더 세지므로, 감정적 폭력이나 언어폭력 단계에서부터 못 하게 해야 물리적 폭력을 막을 수 있다. 폭력은 강력하게 대응해야 한다. 폭력을 행사하면 부부 관계를 유지하기 어렵다는 단호한 경고를 일차적으로 해야 하며, 이것만으로 제재가 되지 않으면 공권력을 포함한 주변의 도움을 요청해야 한다.

타임아웃 기법

폭력이 나쁘다는 건 잘 알지만 감정적으로 격해지면 자신도 모르게 격한 행동이 나온다고 얘기하는 사람들이 많다. 이런 경우 감정을 무조건 참으라고 하기보다 일종의 대안을 마련해줘야 하는데, 부부 관계에서 폭력적인 상황을 선제적으로 막을 수 있는 좋은 방법 중 하나로 '타임아웃' 기법이 있다. 부부 중 어느 한쪽이 감정적으로 격해지면 타임아웃을 불러 두 사람이 잠시 서로 다른 공간에서 머물며 진정할 시간을 갖는 것이다. 감정적으로 격한 상태에서는 어차피 좋은 표현이 나오지 않고 갈등이 격화될 수 있으니 그 상황에서는 차라리 서로 피해 있는 게 나을 수 있다. 이는 격한 싸움이나 폭력 상황을 의외로 쉽게 미리 예방할 수 있는 좋은 방법이다.

타임아웃은 두 사람 중 어느 한 사람이라도 제안하면 즉시 받아들여야 한다. 양쪽 모두가 감정적으로 안정되고 대화할 준비가 된 상태에서 시작해야 제대로 타협하고 이야기를 할 수 있기 때문이다. 보통은 최소 30분 이상 최대 하루 정도의 시간을 두고, 한 사람은 거실에서, 한 사람은 안방에서 머무는 등 두 사람이 각자 다른 공간에서 혼자 있는 시간을 갖고 약속한 시간이 지나면 대화를 시도한다.

만약 이때 다시 감정적으로 격한 상태가 되면 또다시 타임아웃을 부를 수 있다. 이 타임아웃은 부부 사이 뿐 아니라 자녀들과의 관계에서도 적용하기 좋은 방법이다. 특히 예민하고 충동적인 사춘기 자녀들과 자주 말다툼이 벌어지는 부모들이라면 큰 도움이 될 수 있다.

지금 이 문제에 초점을 맞춘다

부부 싸움을 한 경우 어떻게 싸움이 시작되었는지 그 원인을 물어보면 당사자들도 정확히 기억이 안 난다고 할 정도로 사소한 일이 시발점이 되는 경우가 많다. 그런 작은 일들로 시작해서 큰 싸움으로 번지게 되는 이유는, 대화를 하면서 자꾸 과거의 일이나 다른 문제들을 끌어들이면서 점점 더 감정이 나빠져 상대와의 대립각이 더욱 커지기 때문이다.

물론 부부 사이에서 쌓여 있던 감정적 불만이 사소한 일들로 인해 터져 나오는 것일 수도 있지만, 그런 불만은 상대방이 받아들이기 적절한 타이밍에 적절한 방식으로 표현하는 것이 바람직하다. 별로 상관없는 일에 끌어다가 덧붙여서 얘기해버리면 자신의 감정적 불만을 상대가 잘 들어주지도 않고 오히려 괜한 꼬투리를 잡는다고 반발만 사기 쉽다.

가급적 싸움의 주제는 간단하게, 지금 여기 벌어진 일에 초점을 맞춰야 쉽고 짧게 끝이 난다. "당신 오늘 세탁기 돌리는 당번인데, 깜빡 잊었나 봐?"라고 하는 아내에게 "당신도 지난번에 잊어버렸잖아. 그리고 제발 반찬 좀 신경 써주면 안 돼?"라고 응수하는 남편의 태도는 싸우자고 시비 거는 것으로 느껴질 수밖에 없다. 그러면 아내는 과거에 남편이 잘못한 일들, 시댁과의 갈등, 그간 섭섭했던 일 등을 줄줄이 읊게 되고 상황은 점점 더 악화되고 만다.

"응 내가 깜빡 했네. 미안" 하면 좋게 끝날 수도 있는 일을 괜히 크게 키워서 더 피곤해지지 말자.

중요한 것은 부부 관계에서 상대를 윽박지르고 강압적으로 짓누르는 것은 오래가지도 못할뿐더러 감정적 상처로 인해 결과적으로는 얻는 것보다 잃는 것이 더 많다는 사실이다. 웃으며 상대를 설득해서 상대방을 내가 원하는 대로 이끌어오는 고수의 기술을 구사하는 사람이야말로 부부 싸움의 진정한 승자다. 싸움을 하지 않고 상대를 이기는 기술이 싸움의 기술 중 진짜 최고수 비법이다.

더 사랑하고 싶은 당신에게

루비콘 강을 건너지 않으려면

배우자에게 '~주제에'라는 말로 비난하는 부부를 보면 참담하다 못해 섬뜩하다. 부부 문제나 성 문제가 있는 환자들은 부부간 불신도 있을 수 있고, 각자의 불안·스트레스·성격 문제나 신체 상태가 안 좋을 수도 있다. 부모나 자녀와의 관계 문제에 영향을 받기도 한다. 결혼은 수많은 삶의 고비를 함께 겪어야 할 인생 여정인데, 그 고비에 힘을 합치기는커녕 상대방을 극단적으로 비난하거나 무시하면서 부부 사이를 회복 불가능의 상황으로 몰아가게 된다.

원래 부부 갈등이나 성적 갈등에서 가장 흔한 패턴이 여성은 '비난', 남성은 '회피' 경향이다. 분명히 문제가 있고 잘못한 면도 많은 남편. 아내는 남편 때문에 그만큼 자신이 상처받았다는 것을 분노로 표현해 전달하고 싶을 것이다. 하지만 배우자에게 지나친 비난은 반감만 들게 하게 오히려 문제인식을 흐릴 뿐이다. 비난을 하면 할수록 남편은 아내를 피하고, 아내의 눈엔 남편이 요리조리 빠져나가는 미꾸라지 같은 모습으로 보이니 더 화가 치밀게 된다. 그런데 이런 현상만큼 부부 사이에 위험한 함정은 없다. 비난과 회피를 적절히 조절하지 못하면 잘잘못이 누구에게 있는지를 떠나 부부 사이는 되돌아올 수 없는 강을 건너게 된다.

더욱 안타까운 것은 분노 조절이 안 되면 주변 사람들의 조언도, 전문가의 의견도 귀에 들리지 않는다는 것이다. 치료자가 잘못한 남편을 단단히 혼내줬으면 좋겠는데, 아내의 분노 조절 등 개선점을 조언하면 "남편이 나쁜 인간이지 왜 내 탓을 해요?"라며 펄펄 뛴다. 진료실에 앉아 있는 것 자체가 '부부 사이가 회복되었으면 좋겠다'라는 긍정적인 메시지인 반면, '너는 안 돼, 끝이야'라고 비난하는 것은 부정적 메시지이니 이중적이다. 이런 이중적 메시지에 남편은 아내가 관계를 개선하자는 건지 끝내자는 건지 혼란스럽다. 결국 아내는 자신의 피해의식에 분노와 비난으로 남편 앞에 점점 더 높은 벽만 쌓게 된다. 그러면 남편은 극복할 용기보다는 포기를 선택하고 만다.

부부 사이가 힘들 때 서로 마주 앉는 근본 취지는, 문제 해결과 행복을 되찾기 위해서지 무조건 잘못한 쪽을 재판하고 처벌하려는 게 아니다. 잘못도 인정해야 하지만 누가 더 잘못했는지 따지는 것은 사실 큰 의미가 없다. 배우자를 비난하며 주제 타령을 하기 전에 각자 무엇이 부정적인 영향을 미치는지, 내가 상대방을 도와줄 방법은 없는지 자기 자신의 모습도 한번 돌아볼 필요가 있다.

어떻게 내가
원하는 것을 얻는가

부부 갈등으로 병원을 찾는 사람들을 만나보면 갈등의 시작은 생각보다 사소한 데서 비롯될 때가 많다. 작은 생활 습관의 차이나 생각하는 관점의 차이, 서로에게 바라는 기대치가 잘 충족되지 않는 것 등등 여러 가지가 있는데, 그중에서도 가장 흔한 원인은 상대방의 감정을 상하게 하는 대화 스타일이다. 한마디 툭 던진 말이 말다툼이 되고 점점 크게 번져서 싸움과 갈등으로 발전하는 경우가 비일비재하다.

당사자들에게 물어보면 원래 의도는 그게 아닌데 어쩌다 보니 이혼하자는 말이 나오고 이렇게 병원까지 오는 심각한 상황이 되었다고 말한다.

아내가 잘못을 한 남편에게 문제 제기를 한 이유는 상대방의 진심 어린 사과와 속상한 자신의 마음을 위로해주기를 원해서다. 한데 말을 하다 보니 남편이 잘못을 해놓고도 뻔뻔스럽게 더 큰소리를 치고 자신을 비난하는 게 아닌가. 그래서 만정이 다 떨어지고 '내가 이 사람과 살아야 하나 말아야 하나' 하는 극단적인 상황까지 이르게 된다.

애초에 말을 시작하면서 바란 것은 그게 아니었는데 말이다. 아내가 바랐던 남편의 사과와 위로는 얻지 못하고, 되레 서로 감정만 더 상하고 갈등이 깊어지는 상황이 되었으니 혹 떼려다 혹 붙인 셈이다. 왜 의도와는 다른 이런 결과를 빚게 되었을까? 엄밀하게 얘기해서 부부 관계에서도 원하는 바를 얻기 위해선 협상이 필요하고 협상을 하려면 기술이 필요한데, 바로 그 협상의 기술에 문제가 있어서다.

베스트셀러 중에 《어떻게 원하는 것을 얻는가》라는 책이 있다. 최고의 협상 전문가인 스튜어트 다이아몬드의 와튼스쿨 강의를 바탕으로 쓰였는데 제목부터 솔깃하다. 제목 그대로 자신이 원하는 것을 얻어내는 협상의 비결에 대해 알려주는 책이다. 그런데 놀랍게도 여기서 제시된 협상법은 효과적인 부부간 싸움의 기술들과 일치하는 면이 상당히 많다. 상대방의 감정을 살피고 그의 말을 경청해 상대방이 원하는 바를 잘 파악하며 서로의 차이를 인정하고 공감해주는 것, 강압적이고 거친 태도보다 부드러운 태도로 요구사항을 전달하고 서로 협조하여 윈윈하는 방식으로 가는 것 등 유사한 부분이 무수히 많다.

부부 관계도 타협과 협상의 연속이라는 면에서 이는 당연한 일인지도 모른다. 부부 관계에서도 내가 원하는 것을 상대로부터 얻어내거나 공동으로 해야 할 의사결정을 내가 원하는 방향으로 끌고 가려 할 때 상대 배우자가 이를 잘 따라주지 않으면 갈등이 시작되고 싸우게 되는 것이니 말이다.

결과적으로 부부 싸움의 기술은 달리 표현하면 협상의 기술이며, 효과적이고 비폭력적인 협상의 방식으로 대화만큼 좋은 방법은 없다. 그러므로 부부 싸움의 기술 중 대화법이 중요한 비중을 차지한다고 할 수 있다. 부부 싸움의 기술은 곧 대화의 기술과 같은 말인 셈이다. 그렇다면 효과적인 대화의 기술에는 어떤 것이 있을까? 갈등을 줄이는 효과적인 부부 대화법으로 '나 대화법'을 활용해보자.

여러모로 효과적인 나 대화법

'나 대화법'은 1960년대 미국의 심리학자인 토머스 고든에 의해 만들어졌는데, 원래는 아이들을 위한 놀이치료에서 처음 쓰이다가 차차 아이의 부모들을 교육하는 부모 교육에서도 쓰이기 시작했다. 나 대화법은 부모와 자녀 사이의 대화법만이 아니라 부부 사이의 바람직한 대화법으로 각광받게 되었다.

나 대화법은 말하는 사람에 초점을 맞추어 자신의 감정과 믿음, 바람에 대해 표현하는 방법으로 "나는~"이라는 문장으로 시작된다. 나 대화법과 반대로 말을 듣는 상대방에 초점을 맞추는 '너 대화법'은 "너는(당신은)~"으로 시작되는데, 대부분 상대방에 대한 비판이나 비난의 메시지가 전해지기 때문에 오히려 갈등을 더 악화시킨다.

예컨대 "당신 애들 좀 보고 있으라고 했잖아. 스마트폰만 들여다보고 있으면 어떡해?"라는 표현은 너 대화법으로 상대방의 잘못을 지적하며 이를 비난하는 감정이 드러나 있다. 나 대화법에서는 같은 상황에서 "아이들끼리 놀다 다칠까 봐 난 정말 걱정돼. 아이들 볼 때는 한눈팔지 말고 집중해서 봐주면 좋겠어"로 바꾸어 표현할 수 있다. 상대방에 대한 비난보다는 나의 걱정되는 마음을 표현하고 상대방에게 부탁하는 모양새이므로 훨씬 간곡하고 부드럽다.

너 대화법에서처럼 상대방의 잘못을 지적하는 대화에서는 이야기를 듣는 사람이 잘못한 게 있다고 하더라도 어쨌든 감정이 상하게 된다. 그래서 지적을 당한 사람이 방어적으로 나오거나 반발하며 역공을 하는 경우가 많다.

구체적으로 나 대화법을 어떻게 쓸 수 있는지 살펴보자. 나 대화법은 세 가지의 핵심 내용으로 나뉘어 표현된다. 첫째, 비난하는 표현을 사용하지 않고 상대방의 행동을 있는 그대로 최대한 객관적으로 표현한다. 둘째, 그런 상대방의 행동이 유발한 영향에 대한 나의 감정과 느낌을 표현하고, 마지막으로 상대방에게 바라는 자신의 요구나 희망사항을 이야기한다.

① "어제 당신이 밤늦게까지 연락 없이 집에 오지 않았어요."
  (상대방의 행동에 대한 객관적인 서술)
② "그래서 나는 너무 걱정이 됐어요." (나의 감정)
③ "집에 늦게 오게 되면 미리 연락을 주면 좋겠어요."
  (자신의 요구나 희망사항)
  : 실제로 말할 때는 더 자연스럽게 "나 어제 당신이 연락도 없이 집에 들어오지 않아서 얼마나 걱정했는지 몰라. 이제부턴 집에 늦게 들어오게 되면 미리 연락 좀 줘요"라고 표현할 수 있다.

이런 나 대화법을 효과적으로 쓰기 위해서는 자신의 감정과 일치하는 말과 목소리 톤, 표정, 보디랭귀지을 사용하는 것이 바람직하다. 내용은 부드러운데 표정이 딱딱하거나 목소리가 차갑거나 하면 당연히 그 효과는 반감될 수밖에 없다. 또한 기본적으로 상대방과 화해하고 갈등을 해결하길 원한다는 태도를 보여주는 것도 중요하다.

나 대화법은 상대방으로부터 도움을 간청하는 방법이며 긍정적인 반응을 더 잘 끌어내는 묘책이다. 현재의 갈등을 해소할 뿐 아니라 앞으로 벌어질 갈등 상황을 미리 예방하는 효과도 있다.

한편 나 대화법은 건설적인 비판법으로도 유용하다. 가령 "당신 글은 너무 두서가 없어"라고 하기보다 "당신 글을 이해하려고 난 여러 번 반복해서 읽었어"라고 표현하는 것이다. 앞의 표현은 상대방에게 잘못이 있다는 의미를 내포하고 있다.

나 대화법은 갈등 해결을 위한 대화의 시작점으로 자극적인 표현을 쓰지 않고 상대방에게 자신의 관점과 바라는 바를 전달할 수 있다. 상대방을 비난하지 않으면서 내 의견을 말하는 방법이기도 하지만 상대에게 좌지우지되지 않고 내 감정을 스스로 조절할 수 있는 장점도 가진다. 말하는 사람 자신의 감정에 초점을 맞추다 보니 자기감정을 표현해 긴장을 해소하고 감정적으로 격앙되는 것도 막을 수 있다.

나 대화법은 개인적인 성숙에도 좋은 영향을 준다. 스스로 내면의 깊은 감정을 인지하고 잘못된 편견이나 부정적인 인식을 바로잡는 데 도움이 된다. 건강한 관계를 만들고 적절한 친밀감을 유지하기 위해 필요한 대화법이다. 상대방에 대한 비난을 자신의 감정에 대한 책임과 통제로 바꿔주기 때문이다.

그런데 '나는~'으로 시작한다고 무조건 나 대화법이 되는 건 아니다. "내 생각에 당신은 이기적이야"라는 표현이 대표적인 예다. 중요한 건 자신의 감정을 표현하는 것이지 상대를 비난하는 게 아니라는 것을 기억한다면 대화는 성공적으로 이루어질 것이다.

'부부간에 말도 내 맘대로 못하나? 뭐가 이렇게 피곤해'라고 할지도 모르겠다. 원래 결혼이란 참으로 많은 삶의 고비를 함께 겪어야 하는 인생 여정이다. 그 고비에 힘을 합치기는커녕 상대를 극단적으로 비난하거나 무시하면서 부부 사이를 회복 불가능의 상황으로 몰아가선 안 될 것이다.

물론 부부가 심각한 주제로 마주 앉아 싸움이나 언쟁을 하게 된 데는 상대 배우자가 뭔가 잘못한 일이 있어서일 것이다. 하지만 그에 따른 분노 감정을 주체하지 못한 채 상대방을 무시하고 비난하며 몰아세우면 오히려 그는 더 엇나갈 가능성이 크다.

부부 사이가 힘들 때 서로 마주 앉는 근본적인 목적은 갈등을 해결하고 화해하기 위한 것이지 무조건 잘못한 쪽을 재판하고 욕하려는 게 아니라는 점을 기억하자.

자녀와의 의사소통법

나 대화법은 부부 사이의 대화뿐 아니라 자녀와 대화할 때도
적용하면 좋다. 애초 이 나 대화법은 아이들과의 바람직한 의
사소통법을 찾기 위한 목적으로 만들어진 것이었으므로 당연
한 이야기다.

실제 2003년 홍콩시립대학교 쳉 박사 팀이 엄마의 의사소통
방법에 따른 아이의 반응을 분석한 연구를 살펴보면, 아이들
은 엄마가 '네 행동으로 내가 속상하다'는 식의 나 대화법에
는 수용적인 태도를 보였지만 아이를 비난하는 너 대화법에
는 적대적인 태도를 보였다. 2005년 텍사스대학교 커뮤니케
이션학과 비퍼스 박사가 대학생들을 대상으로 한 유사한 연
구에서도 연구 대상자인 대학생들이 나 대화법에는 긍정적인
반응을 보인 반면 너 대화법에는 부정적인 반응을 보였다.

흥미로운 것은 청소년을 대상으로 한 연구 결과다. 미국 외상
후 스트레스장애 센터의 커바니 박사가 청소년들의 의사소통
법에 대해 시행한 연구에서 청소년들은 특히 비난하는 형태
의 너 대화법, 즉 "너는 이런 게 문제다", "너 또 공부 안 하고
게임했지?" 등과 같은 메시지에 훨씬 더 두드러진 혐오 및 부

정적 반응을 보였다. 청소년 자녀를 둔 부모라면 자녀를 비난하고 지적하는 형태의 "너는 ~"이라는 말은 가능한 한 삼가는 것이 좋겠다.

우 리 도   그 들 처 럼
사 랑 할   수   있 다 면

영화 〈님아, 그 강을 건너지 마오〉가 개봉했을 때 한 신문사에
서 영화평을 써달라는 부탁을 받고도 영화 보는 걸 그만 까맣게
잊었다. 점점 나빠지는 기억력 탓도 있지만 언제부터인가 어지간
해서는 영화관에 가서 영화 보는 일이 거의 없기도 했고, 솔직히
이 영화를 별로 보고 싶지 않았던 탓도 있다. 영화 포스터에서 '깔
맞춤'으로 옷을 입고 있는 할아버지 할머니 모습이 인위적으로 연
출된 것처럼 보여 어쩐지 거부감이 드는 데다 오랜 기간 해로한
노부부의 삶과 죽음의 모습을 보여주고 눈물샘을 자극하는 감성
팔이 영화가 아닐까 생각했기 때문이다.

하지만 왜 이 영화에 사람들이 이리도 열광하는지 궁금한 마음
에 결국 영화를 보게 되었다. 모 평론가의 말대로 76년을 해로한

노부부의 삶은, 조금만 힘든 상황이 와도 쉽게 헤어지는 지금의 젊은 연인들이나 부부들에겐 반지의 제왕 못지않은 판타지였기에 그토록 반응이 뜨거웠던 건지도 모른다. 실화를 바탕으로 만들어진 영화라 해도 감동이 더해지는데, 진짜 제대로 된 실제 상황이란 것도 감동을 증폭시키는 흥행 요인이었을 것이다.

부부 문제 전문가이자 성 치료자로서 영화를 보면서 한편으론 뿌듯했다. 우리가 치료를 받는 부부들에게 내주는 숙제들을 이들 노부부는 생활 속에서 늘 하고 있었다. 단둘이서 시간 보내기, 스킨십하기, 단순한 장난이라 해도 즐거운 경험 함께하기 등등 그간 진료실에서 중요하다고 강조하던 것들을 노부부는 온몸으로 실천하고 있으니, 76년 행복한 결혼 생활의 비법이 곧 우리의 치료 방법과도 일치한다는 것을 보고 흐뭇했다.

지금 내 옆에 있는 사람

영화 속 노부부는 늘 손을 잡고 함께 붙어 다닌다. 오랜 세월을 함께했지만 앞으로 함께할 수 있는 날이 얼마 남지 않았다는 것을 은연중에 느껴져서인지 그들의 모습이 더 절절해 보였다. 그리고 역시 예상했던 대로 할아버지가 먼저 세상을 떠난다. 홀로 남은 할머니가 남편을 그리워하는 마음이 영화의 클라이맥스다. 결국

이 영화가 보여주는 것도 유한하기에 더 아름다운 사랑이다. 꽃다운 나이 16세의 로미오와 줄리엣의 불타는 사랑이 겨우 5일 만에 죽음으로 막을 내리면서 그러했듯이 말이다.

사랑과 죽음은 정반대의 개념이다. 그런데 정반대이면서 서로 닿아 있는 이 둘은 묘한 짝이다. 정신분석학의 창시자 프로이트는 인간의 욕망을 에로스와 타나토스, 즉 성애를 포함한 삶에 대한 갈망과 죽음에 대한 충동 두 가지로 보았다. 강렬한 갈망이 엄청난 에너지와 긴장을 부르고 이러한 긴장의 해소를 위해 죽음과 파괴의 충동이 일어나며, 반대로 죽음에 대한 충동은 삶과 사랑에 대한 욕구와 갈망으로 다시금 극복된다.

그래서인지 사랑의 감정은 죽음을 동반할 때 더 강렬하다. 로미오와 줄리엣의 사랑이 결국 죽음을 부르고 그 죽음으로 인해 그들의 사랑은 불멸의 것이 된다. 영화에 나오는 할아버지와 할머니의 사랑도 결국 죽음으로 끝이 나는 유한한 사랑이기에 더 애절하게 느껴진다. 아마 수많은 연인들이 영원한 사랑을 꿈꾸고 맹세하는 데는 사랑이 영원할 수 없다는 것임을 알기 때문일 것이다.

이와 관련해 전 킨제이연구소장 존 밴크로프트의 사연도 흥미롭다. 언젠가 그에게 왜 성의학에 관심을 가지게 되었는지 물어본 적이 있다. 정신과 의사인 그는 원래는 자살과 죽음이라는 문제에 대해 많은 연구를 했다고 한다. 그러다가 어느 날 갑자기 성에 대한 관심을 가지고 연구에 몰두하게 되었단다. 그야말로 프로이트의 에로스와 타나토스 같은 전환이라는 생각이 들어서 그에게 그런 얘기를 했더니, 그도 죽음의 문제만 들여다보고 있다가 어느 순간 삶에 대한 강한 충동을 느끼고 성에 올인했던 것 같다며 전적으로 수긍했다.

진화생물학적인 관점에서 봐도 인간을 포함한 모든 유기체가 죽음을 초월하는 방식이, 우리 유전자를 후대로 전파해 생명을 연장하는 생식 활동 즉 성이라는 것은 분명한 사실이다. 사랑이란 감정도 결국 내 안의 유전자가 나로 하여금 더 유리한 유전자를 가진 매력적인 이성에게 끌리게 하고 그 사람 사이에서 후손을 낳고 사랑의 감정으로 관계를 잘 유지해 나의 유전자를 가진 2세가 더 안전하고 성공적으로 살아갈 수 있도록 오랜 시간에 걸쳐 주입한 생존 기술이라 할 수 있다.

사랑은 유한하기에 더 가치 있고 아름다워 보이지만, 영화에서처럼 죽음을 동반해야만 그 사랑이 가치 있는 것은 아니다. 다른 사람의 삶을 들여다보며 아름답고 애절하다고 감동하기보다 내가 살고 있는 삶을 들여다보고 현재 내 옆의 배우자가 얼마나 아름답고 애절하며 소중한 존재인지 깨달았으면 좋겠다. 지금의 내 배우자가 내 곁에 함께하기까지 얼마나 많은 인연의 끈이 닿아 있었는지, 얼마나 많은 시간과 공간을 넘어 나에게 오게 되었는지를 생각한다면 그 사람과의 한순간 한순간이 소중하게 느껴질 것이다.

나도, 나의 배우자도 언젠가 죽음을 맞이할 유한한 존재다. 더구나 우리네 사랑은 강원도 산골에서 평생을 살던 노부부의 사랑보다 훨씬 더 불안정하며 여러 가지 위험과 변수에 노출되어 있다. 수많은 정보들, 갈 곳들, 거리에 차고 넘치는 매력적인 이성들, SNS에 이르기까지 오늘날의 부부나 커플의 관계는 그야말로 온갖 난관과 유혹에 노출돼 있으므로 잘 지키기가 정말 어렵다. 하지만 그렇기 때문에 더 열심히 가꾸고 지켜내야 한다. 사랑은 충분히 그럴 만한 가치가 있기에 말이다.

········ 더 사랑하고 싶은 당신에게 ········

나이 들어서 배우자와 친구처럼 지내려면

① 신혼기

다양한 형태로 무언의 계약을 맺는 시기다. 서로의 차이를 이해하고 인정하면서 적절한 방식으로 타협하는 법을 연습하며 찾아가야 한다. 완벽한 한 쌍으로 만난 게 아니라 함께 맞춰가는 노력이 필요하기에, 지치지 않는 게 중요하다. 결혼 후 6개월, 1년이 무척 힘들다. 갈등이 많을 때지만 바꿔 말하면 상대를 더 깊이 이해하는 과정으로 생각할 수도 있다. 이 고비를 잘 넘기면 부부 관계는 한층 공고해진다. 신혼기에 부부 성생활을 통해 형성된 친밀감은 부부가 어려움을 헤치며 평생을 함께 갈 수 있는 든든한 무기가 된다.

② 중년기

자녀의 출산으로 부모 역할에 적응하느라 부부 사이에 다소 거리가 생길 수 있다. 부부간 친밀감과 성적인 긴장감을 유지하기 위한 노력이 필요하다. 평균수명의 연장과 더불어 더욱 길어진 결혼 생활의 후반부를 어떻게 보내느냐가 이 시기에 결정된다. 이때 매너리즘에 빠져 부부 관계를 소홀히 하거나 자녀와의 관계에만 치중하게 되면 이후 부부 관계에 부정적인 영향을 끼칠 수 있다.

③ 노년기

인생의 동반자로서 서로의 건강을 관리하고 돌보는 역할을 하게 된다. 그동안 노력한 만큼 행복을 찾고 부부 사이의 친밀감이라는 적금을 타먹을 수 있다. 하지만 신혼기, 중년기를 거치면서 이미 부부 갈등이 심화되고 관계가 고착화된 경우엔 문제를 회복하기가 쉽지 않다.

성생활이 잘 이뤄지는 노년의 부부는 실제로 정신적·신체적으로 건강하고 수명도 더 길다. 누군가와 함께 있고 싶고, 관계를 맺고 연결되고 싶은 건 인간의 기본적인 욕구이기에 노년기의 성도 매우 중요하다. 예전에는 노년기가 되면 성생활이 힘들다고 생각했지만 요즘에는 호르몬 치료도 할 수 있고, 비아그라도 있기 때문에 그런 편견이 좀 덜하다.

그렇다 해도 이 시기에는 성행위 자체보다는 스킨십이 더 중요해진다. 열정적인 섹스가 아니라 손을 잡는 것만으로도 젊은 시절의 열정을 대신할 수 있다. 삽입 성행위라는 좁은 의미의 섹스보다는 더 성숙하고 포괄적인 섹스를 경험해보는 좋은 기회가 되기도 한다. 여성들이 선호하는 섹스이기도 하고, 생각보다 만족감이 훨씬 더 높다는 점에서도 큰 의미가 있다.

결혼 이후의 사랑은
거저 주어지지 않기에

행복한 부부 관계에 대한 지침서를 출간하자는 제안을 받은 지도 어언 2년이 지났다. 계획보다 출간이 미뤄지게 된 결정적인 이유는 우리 부부의 드림하우스 프로젝트 때문이었다. 작년부터 오랜 꿈이던 전원주택 생활을 하고 있는데, 책 출간을 제안받은 시기가 집 설계를 막 끝내고 시공 업체를 찾고 있던 때였다. 마음에 드는 땅을 발견하는 데 7년, 마음이 맞는 건축가를 만나 집을 설계하는 데 2년이 더 걸렸고, 우여곡절 끝에 집을 완성하기까지 또 1년이 걸렸다. 집을 짓는 동안은 온통 정신이 그쪽에 가 있어서 진료하는 일 외에 글쓰기나 다른 외부 활동엔 시간을 할애하기 어려울 정도였다. 드디어 바라던 드림하우스가 완공되던 날, 이제 이

곳에서 행복하게 살 수 있겠다는 생각에 너무나 설레고 기뻤다.

그런데 기쁘고 설레기만 했던 마음은 오래지 않아 점점 잊혀갔다. 하루하루 고된 노동으로 지쳐가면서 '괜히 전원주택을 짓겠다고 해서 이런 고생을 사서 하나' 하는 후회가 들기 시작했다. 원래부터 해오던 청소와 정리정돈 같은 집안일도 집이 넓어진 만큼 힘이 더 들었다. 창문만 열면 집 안으로 진격해오는 온갖 벌레들, 뽑아도 뽑아도 계속 올라오는 온갖 잡초에, 조금만 방심하면 힘들게 심어놓은 꽃나무를 금세 뒤덮는 이름 모를 덩굴까지……. 전원주택 짓기를 잘했다며 2~3주 반짝 아름다운 가을을 만끽한 뒤로는 단풍놀이 시즌이 지나면서 우수수 끝도 없이 떨어지는 낙엽 치우기에 돌입해야 했다. 우리 막내보다 덩치가 더 큰 개 두 마리와 매일 놀아주면서 밥 챙겨주고 빗질해주는 것도 보통 일이 아니다.

그림같이 멋진 드림하우스를 유지하는 데 엄청난 에너지와 시간과 노력이 필요하다는 사실을 왜 직접 겪어보고 나서야 깨달았을까? 지치지도 않는 개들과 정원에서 기진맥진할 때까지 놀아주고 낙엽을 치우고 또 치우다가 문득 '이거 결혼 생활이랑 똑같네' 하는 생각이 들었다.

우리만의 예쁜 집에서 행복하게 살 기대감에 부풀었던 신혼 시절. 현상 유지를 위해 매일 해야 하는 가사 노동, 자잘한 의사결정을 위해 벌이는 의견 대립, 먹고살기 위해 해야 하는 경제 활동 등

장밋빛 꿈 이면에 숨어 있던 처절한 현실과의 맞닥뜨림도 지금처럼 고되고 씁쓸했다. '내가 이러려고 결혼했나', '왜 저 인간이랑 결혼해서 이 고생을 하나' 하는 한탄은 모든 부부들이 공통적으로 경험하는 통과의례 같은 것인지도 모른다.

그러나 우리 부부가 둘이서 같이 웃는 행복한 순간들이 있고, 어느덧 키가 쑥 커진 아이가 정원에서 뛰어노는 모습을 보고 있노라면 그런 고생에 대한 회한은 봄눈 녹듯 사라진다. 어쩌면 그토록 고되기 때문에 그런 순간들이 더 소중하게 느껴지는 것인지도 모른다. 생각해보면 인생의 모든 가치 있는 일들이 그러한 것 같다. 쉽게 이루어지지 않고 그래서 더 의미가 있으며 성취했을 때 더 깊은 만족감을 느낀다.

행복한 부부 관계가 저절로 만들어지는 것은 아니다. 연애를 할 때는 강한 끌림과 본능적인 욕구로 이루어진 열정적 사랑에 흠뻑 빠져 있으니 관계가 비교적 수월하게 굴러간다.

하지만 결혼을 하면 그렇지가 않다. 눈을 가렸던 사랑의 콩깍지가 벗겨지고, 배우자의 적나라한 모습을 현실에서 매일매일 마주하면서 연애 시절에 그 사람에게 품었던 여러 가지 환상과 기대들이 사실은 화려한 오해에 불과했다는 걸 깨닫게 된다. 그러나 이것이 꼭 나쁜 것만은 아니다. 결혼을 통해 그 사람의 진실한 본

래의 모습이 제대로 보이고 이해되기 시작하는 것이다. 그러므로 결혼 이후에 배우자의 진정한 모습을 이해하면서 서로가 상대방의 요구에 맞춰나가는 노력을 한다면 그만큼 만족도가 높은 결혼 생활을 할 수 있다. 부부 관계는 배우자와 다시 사랑에 빠지고 또 빠지고 하면서 가꾸고 키워가는 것이다. 한동안 좀 시들했다가 어느 날 또다시 그 사람이 매력적으로 다가올 수도 있다.

100세 시대를 맞이하면서 한 명의 배우자와 백년해로하는 것은 굉장히 어렵기도 하거니와 한편으로는 지루한 일이라는 목소리가 높아지고 있다. 장수 사회는 결혼 패턴과 가족제도를 바꿔놓을 가능성이 높다고 하는데, 미래 사회의 결혼 패턴은 연속적인 일부일처제가 일반화될 가능성이 높다고 본다. 평생 한 사람과 결혼 생활을 지속하는 것이 아니라 일부일처제가 반복되는 패턴, 즉 결혼과 이혼을 반복하거나 동거하다 헤어지는 형태, 또는 싱글로 살면서 연애만 계속 하는 형태 등으로 나타날 것이다.

한번 결혼하면 죽을 때까지 안정적으로 부부 관계가 지속되던 시대는 저물고 있으며, 결혼 후에도 관계를 유지하려면 꾸준한 노력과 관리를 해야 하는 시대가 도래한 것이다. 따라서 배우자 중 어느 한쪽 또는 양쪽이 불만이나 갈등 없이 관계를 이어가기 위한 노력이 필요하며, 부부 치료나 커플 치료에 대한 요구가 갈수록 커지고 중요해질 것이다.

인생의 모든 가치 있는 일들이 그러하듯이 행복한 결혼 생활은 절대 거저 주어지지 않는다. 그러나 아직 늦지 않았다. 부부가 함께 행복한 관계를 가꿔가는 일을 포기하지 않았으면 한다. 그럴 시간이 없다면서 자꾸 미루지 말자. 오늘부터라도 지금 여기 내 곁에 있는 나의 동반자, 내 배우자와 작은 즐거움을 함께 나누는 일, 그것부터 시작해보자.

그래도 나는
사랑으로 살고 싶다

1판 1쇄 인쇄 2016년 12월 16일
1판 1쇄 발행 2016년 12월 26일

지은이 강동우·백혜경
펴낸이 고영수
경영기획 이사 고병욱

기획편집2실장 장선희 **책임편집** 이혜선 **기획편집** 김진희 문여울
마케팅 이일권 이석원 김재욱 곽태영 김은지 **디자인** 공희 진미나 김경리 **외서기획** 엄정빈
제작 김기창 **관리** 주동은 조재언 신현민 **총무** 문준기 노재경 송민진

펴낸곳 청림출판(주)
등록 제1989-000026호

본사 06048 서울시 강남구 도산대로 38길 11 청림출판(주) (논현동 63)
제2사옥 10881 경기도 파주시 회동길 173 청림아트스페이스 (문발동 518-6)
전화 02-546-4341 **팩스** 02-546-8053
홈페이지 www.chungrim.com
이메일 redbox@chungrim.com
블로그 redboxbooks.blog.me

ⓒ 강동우·백혜경, 2016

ISBN 978-89-89456-98-8 03320